# WARTEN AUF ELON

## MAXIMILIAN MITERA

# WIDMUNG

*Für meinen Freund Dieter,*
*In einer Welt, die oft zu schnell dreht, um die leisen*
*Töne des Verstehens zu hören, standest du da – ein*
*Leuchtturm der Weisheit in den stürmischen*
*Gewässern der Wissenschaft. Philosoph,*
*Systemforscher, Gelehrter in den unendlichen Weiten*
*des Wissens, hast du die Wildpferde des Geistes nicht*
*nur gezähmt, sondern sie auch gelehrt, in Harmonie*
*zu galoppieren.*

*Unsere Pfade kreuzten sich im Labyrinth des*
*Denkens, wo wir forschten, stritten, entwickelten und*
*veröffentlichten. Gemeinsam haben wir Licht in die*
*dunkelsten Ecken des Unbekannten gebracht und*
*Brücken gebaut, wo vorher Abgründe gähnten. Dein*
*Mut, dich den tiefsten Fragen des Seins zu stellen,*
*während du gegen die eigene Endlichkeit kämpfst, ist*
*ein Zeugnis der Stärke, die in der Zerbrechlichkeit des*
*Lebens verborgen liegt.*

*Dieses Buch ist dir gewidmet, Dieter. Als Zeichen der*
*Anerkennung für das Licht, das du in diese Welt*

*gebracht hast, und als Brücke, die unsere Gedanken auch über die Erdlichkeit hinaus verbindet. Möge es ein Leuchtturm sein für all jene, die nach Sinn suchen, so wie wir ihn gemeinsam im Gewebe des Lebens erforscht haben.*

*Deine Weisheit, dein Kampf und deine Freundschaft sind eingewoben in das Herz dieses Werkes. Es steht als Monument unserer gemeinsamen Reise, ein Mosaik aus Wissen, Hoffnung und der unumstößlichen Wahrheit unserer Vergänglichkeit. Mit tiefer Bewunderung und unerschütterlicher Dankbarkeit,*

*Dein Freund*
*Max*

# INHALT

# VORWORT

Zu Beginn dieses Buches möchte ich, der Autor, ein paar einführende Worte an Sie, den Leser, richten. Der Titel "Warten auf Elon" ist als Synonym für Visionäre und Wandel gedacht. Er soll die Aufmerksamkeit auf jene richten, die durch Innovation und den Mut, bestehende Grenzen zu überschreiten, unsere Welt prägen. In der Absicht, jegliche Repressalien für die Mitwirkenden aus den in diesem Buch genannten Unternehmen zu vermeiden, habe ich bewusst darauf verzichtet, Klarnamen oder direkte Verweise aufzuführen. Die Personen, die mich bei der Erstellung dieses kurzen Werkes unterstützt haben, bleiben ungenannt, um ihre Privatsphäre und Sicherheit zu wahren.

Dieses Buch begeht keine Rechtsverstöße und stellt keine unumstößlichen Superlative auf. Stattdessen soll es jedem Leser die Möglichkeit bieten, einen Blick hinter die Kulissen zu werfen – auf Aspekte, die vielen vielleicht bereits bekannt sind, jedoch in einem neuen Licht betrachtet werden können. Der Schreibstil dieses Werkes knüpft an mein vorheriges Buch "Geheime Zukunft: Was Sie über die Veränderungen in der Welt wissen sollten" an. Es geht mir nicht um reißerische Geschichten, sondern um Inhalte, die Sie motivieren und zum aktiven Denken anregen sollen.

Ähnlichkeiten mit real existierenden Personen sind zwar gewünscht, aber nicht beabsichtigt. Jede Darstellung oder Kritik an Entwicklungen soll lediglich als Anstoß dienen, über alternative Betrachtungsweisen oder Handlungsmöglichkeiten nachzudenken. Mein Ziel ist es nicht, Personen oder Ideen herabzuwürdigen, sondern vielmehr, ein breiteres Verständnis für die Komplexität und Vielschichtigkeit der Herausforderungen unserer Zeit zu fördern.

In diesem Sinne lade ich Sie ein, sich auf eine Entdeckungsreise durch die Welt der Technologie, Innovation und gesellschaftlichen Veränderung zu begeben. Lassen Sie uns gemeinsam erkunden, was es bedeutet, in einer Ära des Wandels zu leben, und wie wir als Individuen und Gemeinschaft zu diesem Wandel beitragen können.

# EINLEITUNG

**Ein Wendepunkt für die deutsche Automobilindustrie?**

Die Euro-7-Norm, ein entscheidender Faktor in der aktuellen Diskussion, steht exemplarisch für die zahlreichen Herausforderungen, denen sich die Automobilindustrie gegenübersieht. Diese Norm, die ab 2025 strengere Grenzwerte für Abgase, Partikel aus Bremsen und Reifen sowie erhöhte Anforderungen an die Batterielebensdauer vorsieht, wird als wichtiger Schritt in Richtung sauberer Mobilität und Klimaneutralität angesehen. Doch sie wirft auch kritische Fragen auf, die weit über technische Aspekte hinausgehen. Kritiker befürchten, dass die Norm nicht nur zu kompliziert und kostspielig sein könnte, sondern auch zu einem massiven Stellenabbau führen und die Entwicklung hin zu ökonomisch und ökologisch nachhaltigen Technologien gefährden könnte.

Diese Debatte um die Euro-7-Norm spiegelt die komplexen Dynamiken wider, die in der Automobilindustrie brodeln. Sie steht symbolisch für den Umbruch, der die Branche prägt – ein Umbruch, der sich nicht nur auf Umweltregulierungen beschränkt, sondern auch tiefgreifende Auswirkungen auf Arbeitsplätze, Wirtschaft und Gesellschaft hat. So deutet beispielsweise eine vertrauliche Information über den geplanten Abbau von 50.000 der 180.000 Stellen in einem führenden Automobilunternehmen auf eine tiefere Krise hin, die über die unmittelbaren Auswirkungen der Norm hinausgeht.

Die Transformation der Automobilindustrie wird 2024 voraussichtlich voll durchschlagen, mit bedeutenden Auswirkungen auf die Arbeitsplätze und die gesamte Branche. Experten prognostizieren, dass der Trend zur Elektromobilität, trotz Bedenken hinsichtlich der Marktanteile in Deutschland, weiterhin stark bleibt. Jedoch gibt es Zweifel, ob die deutsche Automobilindustrie für die neuen Herausforderungen, insbesondere im Vergleich zu internationalen Wettbewerbern wie USA (Tesla), China, ausreichend vorbereitet ist. Es wird erwartet, dass die Elektromobilität und die damit verbundenen Technologien eine wachsende Abhängigkeit von Tesla und / oder China mit sich bringen könnten.

All diese Faktoren – die Euro-7-Norm, der Übergang zur Elektromobilität und die internationalen Wettbewerbsdynamiken – formen die deutsche Automobilindustrie und stellen sie vor entscheidende Weichenstellungen für die Zukunft.

Die aktuelle Landschaft der Automobilindustrie ist geprägt von Zahlen, die sowohl beeindrucken als auch zum Nachdenken anregen. Deutschland, ein reifer Markt für Elektrofahrzeuge? Zumindest wurde im Jahr 2022 einen Anteil von 31% elektrifizierter Fahrzeuge an allen Neuzulassungen verzeichnet, wobei reine Elektroautos 17% ausmachten. Doch trotz dieser Fortschritte bleibt eine Frage offen: Wie werden sich diese Zahlen in den kommenden Jahren entwickeln? Gerade einmal 46% der deutschen Konsumenten erwarten einen Marktanteil von über 50% für Elektrofahrzeuge im Jahr 2030. Vergleicht man dies mit der positiveren Sichtweise in China, wo drei Viertel der Befragten eine solche Entwicklung erwarten, zeichnet sich ein Bild der Unsicherheit ab.

Beim autonomen Fahren ist diese Unsicherheit noch größer. Während in China 69% der Verbraucher bis 2030 mit einem hohen Anteil selbstfahrender Autos rechnen, sind es in Deutschland nur 22%. Diese Zahlen werfen die Frage auf: Steht uns eine stille Revolution bevor, die noch keiner so recht erkennt, oder bleiben wir in traditionellen Fahrweisen verhaftet?

Die Shared Mobility, obwohl attraktiv für jüngere Generationen, stößt in Deutschland auf kulturelle Barrieren. Der Wunsch nach individuellem Fahrzeugbesitz ist hierzulande mit 52% immer noch stark verankert. Dies wirft ein weiteres Rätsel auf: Wird die Shared Mobility in der Lage sein, traditionelle Besitzstrukturen zu überwinden, oder wird sie an den tief verwurzelten Vorlieben der Verbraucher scheitern?

Diese Zahlen und Prognosen bilden die Kulisse für eine Industrie, die sich an einem Scheideweg befindet. Aber welche Rückschlüsse können Sie daraus entnehmen? Zumindest werden Sie eingeladen, tiefer zu graben und zu hinterfragen, was hinter den offensichtlichen Trends brodelt. Darum lassen Sie uns nicht nur die sichtbaren Veränderungen, sondern auch die unter der Oberfläche liegenden Dynamiken erforschen, die die Zukunft dieser Schlüsselbranche formen könnten.

**Fakt ist:**

*Die Automobilindustrie steht an einem kritischen Wendepunkt. Einmal als unangefochtener Vorreiter der deutschen Wirtschaft betrachtet, sieht sich dieser Schlüsselsektor nun mit einer Reihe von Herausforderungen konfrontiert, die seine Zukunft ungewiss machen. Der massive Stellenabbau, der durch die fortschreitende technologische Entwicklung und den Übergang zu neuen Geschäftsmodellen ausgelöst wird, ist nur die Spitze des Eisbergs. Deshalb lassen Sie uns gemeinsam die tiefgreifenden Veränderungen in der Automobilindustrie und die Auswirkungen untersuchen, die diese auf die Wirtschaft, die Gesellschaft und die individuelle Mobilität haben werden.*

Mit dem Aufkommen neuer Technologien wie der Satellitenkommunikation, den damit verbundenen Aufbau von Monopolen in unserer Umlaufbahn sowie dem autonomen Fahren stehen wir vor einer Revolution, die das Wesen des Autofahrens verändern wird. Diese Entwicklungen sind doppelschneidig. Einerseits bieten sie enorme Möglichkeiten für Effizienz und Innovation, andererseits drohen sie, neue Monopole zu schaffen und die Privatsphäre sowie die Datenautonomie der Nutzer zu gefährden.

Ein weiteres zentrales Thema ist die aktuelle Orientierung der Automobilindustrie. Einige Hersteller scheinen am bewährten „Business as Usual" festzuhalten, ohne die sich ändernden Bedürfnisse und Erwartungen der Kunden anzuerkennen. Dies führt zu einer wachsenden Kluft zwischen Angebot und Nachfrage, mit Produkten, die zunehmend am Markt vorbeiproduziert werden.

Darüber hinaus ist das Führungs- und Managementverhalten in vielen Automobilunternehmen problematisch. Die Praxis, nur positive Rückmeldungen zu fördern und kritische Stimmen zu unterdrücken, führt zu einer Realitätsferne in den Führungsetagen. Dieses Führungsdilemma, verstärkt durch eine zersplitterte Unternehmenskultur, untergräbt die Effektivität von Managementmethoden wie ROMI und LEAN, die eigentlich darauf abzielen, Prozesse zu optimieren und eine agile, reaktionsfähige Unternehmensstruktur zu schaffen.

Darum möchte ich mit Ihnen einige kritische Fragen näher beleuchten. Basierend auf vertraulichen Gesprächen mit zahlreichen Experten, darunter einige aus den höchsten Ebenen des Managements, biete ich einzigartige Einblicke in die Herausforderungen und Chancen, vor denen die Automobilindustrie steht. Diese Experten haben ihr Einverständnis gegeben, dass ihre Einsichten und Ansichten in diesem Buch geteilt werden, allerdings unter einer wichtigen Prämisse:

*In einem Umfeld, in dem offene Kritik riskant sein kann und politische sowie lobbygesteuerte Netzwerke oft über Karrieren entscheiden, ist Diskretion von größter Bedeutung.*

Die Herausforderung, kritische Stimmen in einem solchen Umfeld zu äußern, kann nicht unterschätzt werden. Es ist ein System, in dem gegenseitige Gefälligkeiten und Beziehungen bis in die höchsten Etagen reichen und oft über den beruflichen Erfolg entscheiden. Wer nicht mitspielt, riskiert seine Karriere. Dieses Buch bietet daher nicht nur eine Analyse der aktuellen Situation, sondern auch einen seltenen Einblick in die verborgenen Dynamiken und ungeschriebenen Regeln, die nicht nur die Automobilindustrie prägen.

Mein Ziel ist es, ein umfassendes Bild der Lage zu zeichnen und gleichzeitig die Komplexität und Sensibilität der Themen zu respektieren, die wir (alle die mich bei der Recheche für dieses Buch unterstützt haben) behandeln. Warum stellen sich viele zu selten die Frage: Ob wir nicht an einem entscheidenden Punkt stehen und das nicht nur in der Geschichte der Automobilindustrie – einem Punkt, an dem Entscheidungen und Entwicklungen weitreichende Folgen haben werden? Ein weiter so wie bisher ist doch nicht zielführend?

Zusätzlich zu den bisherigen Erkenntnissen können Sie gewahr sein, dass ich die fortlaufende Entwicklung der ROMI-Methodik (Raise Awareness - Organize - Manage - Intelligence/Investigation) im ständigen Fokus behalten werde. Nichts Schlimmeres als eine Betriebsblindheit. Demgegenüber steht diese Methodik, u. a. ständig unter der sorgfältigen Beobachtung und mit der aktiven Unterstützung von Experten der Futur-III-Organisation, um diese Werkzeuge stetig zu verbessern. Ja, ROMI ist ein essenzielles Werkzeug, das aus der Erfahrung von Ermittlern, Agenten und Analysten resultiert, um agile und antifragile Managementmodelle beziehungsweise belastbare Entscheidungsgrundlagen aufzuzeigen. Um in den Einsatz ziehen zu können, muss man optimal vorbereitet sein, weil nur das den Profi vom Laien unterscheidet. Zudem ermöglicht erst die optimale Vorbereitung eine wichtige Ressource freizulegen. Die Improvisation. Ja, Sie lesen richtig. Der Grund ist ziemlich einfach, weil wenn man nicht gut vorbereitet ist, dann wird oft schon in der Anfangsphase eines Einsatzes improvisiert und das ist verherrend, wenn sich die Lage schnell ändern und diese Ressource der Anpassungsfähigkeit schon ausgeschöpft ist. Dieser Ansatz hebt zudem hervor, wie entscheidend Flexibilität und Anpassungsfähigkeit in einer sich ständig verändernden Industrielandschaft sind – nicht nur für das Überleben, sondern auch für das Gedeihen in einer komplexen und dynamischen Welt.

Die kontinuierliche Optimierung von Managementmethoden oder wie ich es gerne bezeichne „Einsatzmethoden" sollte auch bei ihren Entscheidung ein zentrales Thema sein. Sind Sie wirklich „ready for action"? Dahinter verbirgt sich nicht nur die Notwendigkeit eines dynamischen und widerstandsfähigen Managements in der heutigen Automobilindustrie. Durch die Verbindung von fundiertem Hintergrundwissen aus den Produktionsbereichen bis hin in die Führungsetagen der Automobilindustrie sowie mit der zukunftsorientierten Arbeit von Wissenschaftlern und Experten können neue Horizonte für das Verständnis und die Gestaltung zukünftiger Entwicklungen in dieser Schlüsselbranche eröffnet werden.

# KAPITEL 1
# VFB-
# VEREINSGASTSTÄTTE
# STUTTGART

Es war ein kühler Abend in Stuttgart, als ich die
VfB-Gaststätte betrat. Ein Ort, der gerade in den
letzten sechs Monaten wieder mehr Fußballbe-
geisterung aufkommen ließ, aber an diesem
Abend sollte er die Bühne für ein ganz anderes
Spiel sein – ein Spiel der offenen Worte und
vertraulichen Geheimnisse. Ich war hier, um
einen Informanten zu treffen, einen Mann, der
tief in die Geheimnisse der Automobilindustrie
eingeweiht ist.

Die Gaststätte war belebt, das leise Gemurmel
der Gespräche mischte sich mit dem Klang eines
typischen Essbetriebs. Ich setzte mich in eine
ruhige Ecke und bestellte ein Bier. Ohne eine
konkrete Vorstellung, was das Treffen zu Tage
bringen könnte, spürte ich eine gewisse Anspannung in mir aufsteigen. Ich überprüfte mein
Handy – keine Nachricht. Mein Blick wanderte
durch den Raum, suchte nach einem Gesicht, das
so aussah, als ob es mehr wüsste, als es preisgibt.

• • •

Da trat er ein. Unauffällig, fast unscheinbar, doch seine Augen hatten eine leuchtende Tiefe. Ich hob meine Hand, um auszutesten, ob er meine Verabredung sein könnte. Er setzte sich mir gegenüber, nickte knapp und begann ohne Umschweife zu sprechen. Seine Stimme war leise, aber bestimmt. "Die Dinge in der Branche sind im Umbruch", sagte er.

Ich lehnte mich vor, mein Interesse war geweckt. "Inwiefern?", fragte ich, meine Stimme kaum mehr als ein Flüstern, um nicht die Aufmerksamkeit der anderen Gäste zu erregen.

Er warf einen kurzen Blick umher, als ob er sicherstellen wollte, dass niemand lauschte, bevor er weitersprach.

"Wissen Sie, in der Automobilindustrie erleben wir derzeit eine Revolution in der Netzwerktechnologie. Ethernet und CAN sind dabei Schlüsselkomponenten."

Ich lehnte mich interessiert vor. "Können Sie mir das etwas erläutern, so dass das es meine Leser verstehen, auch wenn diese nicht vom Fach sind?"

• • •

"Ethernet entwickelt sich weit über die herkömmliche Nutzung hinaus. Es ermöglicht Hochgeschwindigkeits-Datenübertragung, entscheidend für moderne Infotainmentsysteme und das autonome Fahren," erklärte er. "Es bringt die Leistungsfähigkeit von Netzwerken mit hoher Bandbreite in jedes Fahrzeug."

"Und für was steht CAN?", fragte ich.

"CAN ist schon lange ein wichtiger Teil der Automobilnetzwerke und bleibt für die Kommunikation zwischen Mikrocontrollern unerlässlich. Es ist zuverlässig und effizient," antwortete er. "Die Kombination aus Ethernet und CAN ermöglicht es, sowohl Hochgeschwindigkeitsanforderungen als auch kritische Aufgaben mit niedrigerer Geschwindigkeit effektiv zu bewältigen."

"Das klingt nach einer starken Grundlage für die Zukunft der Fahrzeugvernetzung."

"Genau", sagte er. "Diese Technologien legen den Grundstein für vernetzte und autonome Fahrzeuge. Sie ermöglichen komplexere Systeme und sind entscheidend für die Entwicklung innovativer und sicherer Fahrzeugtechnologien."

· · ·

"Klingt nach einer starken Kombination", sagte ich. "Aber was bedeutet das für die Zukunft der Automobilvernetzung?"

Er lehnte sich zurück, ein Schatten von einem Lächeln auf seinen Lippen. "Das ist die große Frage. Diese Technologien sind der Schlüssel zu einer vernetzten und intelligenten Zukunft. Sie machen unsere Fahrzeuge nicht nur smarter, sondern auch sicherer und effizienter. Wir stehen am Anfang einer neuen Ära in der Automobiltechnik."

"Ich verstehe, Sie möchten es einfach und verständlich halten", antwortete ich.

"Ethernet, um es einfach zu sagen, ist wie eine Schnellstraße für Daten im Auto. Es ermöglicht den schnellen Transfer großer Datenmengen, was für moderne Technologien wie Touchscreens und selbstfahrende Systeme unverzichtbar ist."

"Und CAN?", hakte ich nach.

"CAN ist wie das zuverlässige Telefonnetz im Auto, das dafür sorgt, dass wichtige Informationen zwischen verschiedenen Teilen des Autos, wie den Bremsen und dem Motor, schnell und sicher übermittelt werden," erklärte er.

· · ·

Als wir über die Zukunft sprachen, kam er auf einen weiteren Punkt zu sprechen. "Übrigens, im Weltraum gibt es auch viel Neues. Die Kontrolle über Satelliten ist entscheidend, denn wer sie besitzt, hat großen Einfluss auf die Automobilindustrie. Jedes Auto, das vernetzt ist, nutzt irgendwie Satellitentechnologie."

"Das klingt fast wie ein Monopol", sagte ich nachdenklich.

"Richtig, und das ist ein heikles Thema. Während Monopole in gewisser Weise nötig sind, um Standards zu setzen und Effizienz zu gewährleisten, sollten sie gerecht und global organisiert sein, um Missbrauch zu verhindern. Die Welt funktioniert am besten, wenn wir alle zusammenarbeiten und Ressourcen fair teilen."

Für einen kurzen Moment ließen seine Worte mich über die Verflechtungen von Technologie, Macht und globaler Kooperation nachdenken. In dieser neuen Ära der Automobiltechnik scheint es, als ob nicht nur die Autos selbst, sondern auch die Art und Weise, wie wir sie steuern und verwalten, revolutioniert wird.

"Aber kommen wir zu einem Kernthema, über das ich mich gerne mit Ihnen unterhalten würde. Ein Bekannter von mir hat mir erzählt, dass selbst bei Porsche, wo es sonst üblich ist, Mitarbeiter nach Projektphasen zu übernehmen, nun kein Interesse mehr besteht. Er findet das ungewöhnlich."

Der Informant nickte langsam. "Das ist kein Einzelfall. Nicht nur die Fahrzeughersteller, sondern auch die Zulieferbetriebe spüren den Druck. Es gibt Anzeichen, dass die gesamte Fahrzeugindustrie an Stabilität verliert."

"Das klingt beunruhigend", gab ich zu bedenken. "Was glauben Sie, steckt dahinter?"

Er lehnte sich vor. "Es ist eine Kombination aus technologischen Veränderungen und wirtschaftlichen Herausforderungen. Der Übergang zu neuen Technologien wie Elektroautos und autonomem Fahren erfordert enorme Investitionen. Gleichzeitig verändert sich der Markt. Die Nachfrage nach traditionellen Fahrzeugen sinkt, während der Bedarf an neuen Technologien steigt."

"Und das führt zu Unsicherheiten bei den Arbeitsplätzen?"

"Genau. Die Industrie steht vor einem Strukturwandel. Viele traditionelle Jobs sind gefährdet, während neue Kompetenzen gefragt sind. Für Unternehmen wie Porsche bedeutet das eine Neuausrichtung ihrer Strategie, die auch personelle Veränderungen mit sich bringt."

· · ·

Ich nickte, während ich seine Worte verarbeitete. Es war klar, dass wir an der Schwelle zu einer neuen Ära in der Automobilindustrie standen, einer Ära, die sowohl Chancen als auch Herausforderungen mit sich bringen würde.

Mein Informant lehnte sich näher und seine Stimme wurde noch gedämpfter. "Auf Abteilungsleiterebene ist es bereits bekannt, dass in den nächsten zwei bis drei Jahren rund 50.000 Stellen abgebaut werden sollen," flüsterte er. "Es wird Entlassungen geben, und in Bereichen, in denen Mitarbeiter in den Ruhestand gehen, wird es keine Neuanstellungen geben."

Er machte eine kurze Pause, als wolle er die Schwere seiner Worte unterstreichen. "Die gesamte Automobilbranche ist betroffen. Die Kapazitäten, die über Jahre hinweg aufgebaut wurden, werden nicht mehr benötigt. Das liegt auch an der Luxusstrategie von Mercedes. Sie verkaufen weniger, aber durch den Fokus auf hochpreisige Fahrzeuge wie die G-Klasse, machen sie mehr Gewinn."

Ich nickte langsam, während ich versuchte, die Tragweite dieser Informationen zu erfassen. "Also verändern sich die Zielgruppen?"

· · ·

"Genau", bestätigte er. "Fahrzeuge für den Mittelstand und untere Einkommensschichten werden reduziert. Diese Zielvorgaben und die Personalplanungen für 2028 bis 2030 hängen auch damit zusammen, dass dann die Mitarbeitergarantien auslaufen."

Ich lehnte mich zurück, beeindruckt von der Klarheit seiner Worte. Es war mehr als nur ein Branchenwandel; es war eine Neuausrichtung auf eine unsichere Zukunft, eine Zukunft, in der traditionelle Arbeitsplätze und Marktstrategien auf dem Spiel stehen.

"Das ist nicht nur bei Mercedes der Fall," fuhr mein Informant fort. "Auch andere Unternehmen der Fahrzeugindustrie verfolgen ähnliche Strategien. Bei IVECO beispielsweise laufen die Garantien bis 2030. Die IG Metall verhandelt dort, und auch bei Mercedes greift die Beschäftigtensicherung bis 2028 bis 2030, was bedeutet, dass bis dahin niemand gekündigt werden darf."

Er machte eine kurze Pause, bevor er weitererklärte. "Das gilt auch für Autohäuser und eigene Niederlassungen, die jetzt abgestoßen werden sollen. Es handelt sich um eine Art Absichtserklärung, die aus politischen Gründen gewählt wurde, um bereits jetzt Druck auf die Betriebsräte für die kommenden Tarifrunden auszuüben. Das ist eine übliche Taktik. Es signalisiert den Beschäftigten, dass Abbau geplant ist, und setzt sie unter Druck, keine hohen Lohnforderungen zu stellen."

Diese Enthüllungen vermittelten mir ein klares Bild von den strategischen Manövern innerhalb der Automobilindustrie, die weit über technologische Innovationen hinausgehen und tief in die Arbeitspolitik eintauchten.

"Die jahrelange Erfahrung zeigt, dass man sich am Ende oft in der Mitte trifft," begann er. "Aber betrachten wir die aktuelle Luxusstrategie, die bei Mercedes diskutiert wird. Sogar die höheren Führungskräfte meiden das Thema. Sie haben die Anweisung erhalten, nicht von 'Luxus' zu sprechen, sondern den Fokus auf 'gehobenen Komfort' zu legen."

Er lehnte sich etwas vor. "Der Begriff 'Luxusstrategie', der seit 2020 bei Mercedes geprägt wurde, ist inzwischen in Verruf geraten. Der Hintergrund ist, dass dieser Kampagnebegriff mittlerweile nicht mehr aufgeht, obwohl er während der Coronazeit erfolgreich war."

"Warum war er damals erfolgreich?", fragte ich.

"Das lag an der Chipkrise", erklärte er. "Mercedes nutzte die verfügbaren Chips ausschließlich für hochpreisige Modelle wie die S-Klasse, G-Klasse und den Maybach. Damals gab es eine große

Taskforce, die entschied, wie viele Chips jeder Automobilhersteller erhalten sollte. Mercedes entschied sich, diese in ihre teuersten Modelle einzubauen. Das führte u. a. dazu, dass die Gewinne zu dieser Zeit und danach bis heute extrem hoch waren. Zudem kamen noch die staatlichen Überbrückungsmaßnahmen, die natürlich zusätzlich einige Kosten aufgefangen hatten. Also, auf dem Papier funktionierte diese Strategie."

Seine Erklärungen enthüllten ein komplexes Bild von strategischen Entscheidungen und Marktanpassungen in der Automobilindustrie, ein Bild, das die Herausforderungen und Opportunitäten dieser sich schnell wandelnden Branche widerspiegelte. Ich begann mir Aufzeichnungen zu machen, worauf er mich immer wieder auf Themen lenkte, die ebenfalls Zukunftsrelevant sind.

Als wir unser Gespräch beendet hatten und das letzte Schlückchen Bier getrunken war, stand mein Informant auf. Er schaute sich noch einmal um, als ob er sich vergewissern wollte, dass unser Gespräch unbemerkt geblieben war. "Ich muss Sie um einen wichtigen Gefallen bitten," sagte er mit einem ernsten Ton. "Bitte erwähnen Sie meinen Namen nicht in Verbindung mit Ihrer Recherche. Die Themen, die wir besprochen haben, sind heikel und berühren empfindliche Bereiche wie Politik und internationale Beziehungen."

. . .

Ich nickte und gab ihm mein Wort. "Keine Sorge, ich werde sicherstellen, dass Ihre Identität geschützt bleibt."

"Danke," antwortete er. "In diesem Bereich kann schon ein kleines Detail große Wellen schlagen. Seien Sie vorsichtig mit dem, was Sie veröffentlichen." Mit einem letzten Kopfnicken verließ er die Gaststätte und ließ mich allein mit meinen Gedanken und den umfangreichen Notizen unseres Gesprächs zurück.

## KAPITEL 2
# BERLIN

Während ich mich auf meiner Bahnfahrt nach Berlin befand, leicht genervt vom Hantieren meiner spärlichen Gepäckstücke – eine Schreibmappe, einem Rolly, mein MacBook und einen Café-to-go-Becher – fand ich mich in einer unerwarteten Diskussion wieder. Die Frau, die neben mir saß, schien brennend daran interessiert, ihre Sicht auf die aktuelle politische und wirtschaftliche Lage Deutschlands zu teilen.

"Es ist einfach frustrierend", begann sie, während der Zug durch die Landschaft ratterte. "Nichts funktioniert. Die Deutsche Bahn, lediglich ein Garant von Ankunfts- und Anschlussrätseln und sonst überall nur politische Kämpfe und kaum jemand, der wirklich anpackt, um die Probleme zu lösen." Ihre Stimme war von einer Mischung aus Sorge und Empörung geprägt.

· · ·

Sie sprach unter anderem über die Baubranche, die von einem massiven Jobverlust betroffen war. "Rund 30.000 Arbeitsplätze gehen verloren," erzählte sie mir. "Das ist nicht nur eine Zahl. Das sind Familien, die betroffen sind." Ihre Worte malten das Bild einer Branche in der Krise, getroffen von einem Einbruch im Wohnungsbau und steigenden Kosten, die die Erstellung neuer Wohnungen behinderten.

"Und die Lebenshaltungskosten," fuhr sie fort, "nicht nur die Ärmsten leiden darunter. Mittlerweile spürt auch der Mittelstand die Belastung, und die Rentner? Wie sollen die mit nur 1000 Euro im Monat überleben, besonders nach über 40 Arbeitsjahren?"

Ich hörte zu, zeigte Verständnis, fragte hier und da nach, hielt mich aber mit eigenen Meinungen zurück. Ihre Worte spiegelten die zunehmende Besorgnis wider, die viele in Deutschland und Europa empfanden.

Als ich in Berlin ankam, war ich erleichtert, aus dem Zug zu steigen und die angespannte Atmosphäre hinter mir zu lassen. In meinem Hotel rief ich einen Freund an, der mich mit einer Expertin vernetzen wollte, die Einblicke in die Wirtschaft und insbesondere in die Automobilindustrie geben könnte. Wir verabredeten uns für ein Treffen in einem italienischen Restaurant „Ristorante Marea" in der Nähe des Presseviertels und gleich neben dem deutschen Spionagemuseum.

„Wie passend", dachte ich mir. Dort angekommen, erwartete mich eine Überraschung: Mein Freund hatte eine bekannte Politikerin mitgebracht. Unter der Bedingung, dass ich keine Namen nennen würde, begannen wir ein Gespräch, das an die Themen anknüpfte, die ich bereits aus meinem Gespräch bei dem Treffen in der VfB-Gaststätte aufbereitet hatte.

Die Politikerin lehnte sich zurück und fügte meinem Bericht eine kritische Betrachtung hinzu. "Die Strategie, nur in die Luxusklassen zu investieren, wird auf lange Sicht nicht nachhaltig sein," sagte sie. "Besonders, wenn man bedenkt, wie schnell die Konkurrenz, vor allem aus China oder nehmen wir doch Tesla, aufholt."

Ich nickte nachdenklich. "Sie meinen, die europäischen Automobilhersteller stehen vor einer ernsten Herausforderung?"

"Genau," erwiderte sie. "Die Teslas und nun auch die chinesischen Hersteller drängen mit Macht auf den europäischen Markt. Und das ist teilweise eine hausgemachte Konkurrenz. Denken Sie nur an die Expats – also Fachkräfte, die für ihre Unternehmen ins Ausland gehen – die in den letzten 20 Jahren dabei geholfen haben, die chinesische Wirtschaft und Produktionsbereiche aufzubauen. Unser Know-how und unsere Expertise wurden ins Ausland getragen, und jetzt nutzen sie dies zu ihrem Vorteil."

$\cdot \quad \cdot \quad \cdot$

"Das klingt nach einem Bumerang-Effekt," merkte ich an.

"Absolut," fuhr sie fort. "Die Expats von Mercedes und anderen Unternehmen werden jetzt von den Chinesen, aber auch von Tesla und Co. abgeworben. Wir haben sie ausgebildet, und jetzt setzen sie unser qualifiziertes Personal ein, um sehr schnell mit ihren Produkten auf den Markt zu kommen. Die Entwicklungszeiten sind dabei viel kürzer. Während ein deutscher oder westlicher OEM – ein Originalausrüstungshersteller, also ein Unternehmen, das Teile und Ausrüstung für andere Unternehmen herstellt – drei Jahre für die Produktentwicklung benötigt, schaffen es Tesla und die chinesischen Hersteller in einem Bruchteil dieser Zeit."

"Das bedeutet eine enorme Beschleunigung des Marktes," stellte ich fest.

"Richtig," bestätigte sie. "Das Tempo, mit dem diese neuen Akteure agieren, ist atemberaubend und stellt eine echte Herausforderung für die etablierten Hersteller dar."

Mein Freund, der aktuell für Tesla arbeitet und deswegen auch anonym bleiben möchte, brachte eine interessante Wendung in unser Gespräch. "Hierzu habe ich ein aktuelles Beispiel. So verfolgt Tesla eine neue Strategie," begann er. "Sie reagieren direkt auf die chinesische Konkurrenz. Sie lassen sich nicht die Butter vom Brot nehmen und setzen alles daran, ihre Marktanteile auszubauen."

Ich lehnte mich vor, um mehr zu erfahren. "Wie genau sieht diese Strategie aus?"

"Tesla reduziert Zug um Zug die Preise," erklärte er. "Erst letzte Woche wurden die Preise in Europa um 5000 Euro gesenkt, und das kombiniert mit einer 0,0 Prozent Finanzierung. Es ist ein aggressiver Schachzug, der bereits Wirkung zeigt. Tesla fährt Sonderschichten, um der gestiegenen Nachfrage gerecht zu werden. Diese Preispolitik macht Tesla-Modelle für eine breitere Käuferschicht erschwinglich."

Die Politikerin, die unser Gespräch aufmerksam verfolgte, fragte, ob sie kurz mein MacBook nutzen könne. Ich schob ihn ihr herüber. Sie öffnete die Tesla-Website und begann, ein Model Y zu konfigurieren. "Schauen Sie," sagte sie und zeigte auf den Bildschirm, "für etwa 40.000 Euro und einer Finanzierung von nur 249 Euro im Monat. Das ist durchaus verlockend, sogar für jemanden wie mich, die Zugriff auf einen amtlichen Fahrdienst hat."

Wir vertieften uns weiter in die Diskussion über Teslas innovative Ansätze, die deutlich von traditionellen Automobilherstellern abweichen. Mein Freund erläuterte: "Tesla hat sich nicht nur auf Elektroautos konzentriert, sondern auch auf die Integration von Technologien wie Starlink, um ihre Fahrzeuge in ein globales Kommunikationssystem einzubinden." Er betonte, dass diese Konnektivität Tesla einen entscheidenden Vorteil gegenüber traditionellen OEMs wie VW und Mercedes gibt, indem sie den Kunden eine fortschrittliche und vernetzte Fahrerfahrung bieten.

"Tesla hat sich eine völlig neue Käuferschicht erschlossen, ähnlich wie Steve Jobs mit seinen iPhones," fuhr er fort. "Ihre Strategie basiert darauf, die Bedürfnisse nach moderner Technologie und nachhaltiger Mobilität zu erfüllen. Teslas Vision, angeführt von Elon Musk, zielt darauf ab, nicht nur Autos, sondern ein komplettes Ökosystem von Energieerzeugung und -speicherung anzubieten, dass die Art und Weise, wie wir Energie verbrauchen und Mobilität erleben, revolutioniert."

Währenddessen betrachtete die Politikerin nachdenklich die Tesla-Website auf meinem MacBook und antwortet meinem Freund. "Das ist wirklich beeindruckend. Tesla scheint in vielerlei Hinsicht seiner Zeit voraus zu sein, insbesondere in der Art und Weise, wie sie Technologie und Nachhaltigkeit miteinander verbinden," und führt weiter aus "Es ist eine komplette Neudefinition dessen, was ein Autohersteller sein kann."

· · ·

Unser Gespräch im Schatten des Spionagemuseums offenbarte eine spannende Dynamik des modernen Automobilmarktes – ein Kampf um Innovation, Nachhaltigkeit und die Neudefinition der Mobilität.

Ich bemerkte, wie die Politikerin wiederholt auf ihre Uhr schaute. Offensichtlich drängte die Zeit. Um ihr entgegenzukommen, entschloss ich mich, das Treffen zu einem Abschluss zu bringen. Ich trank meinen Espresso aus und stand auf. "Vielen Dank für diesen aufschlussreichen Austausch," sagte ich. "Es war eine faszinierende Diskussion über die sich wandelnde Welt durch Technologie und Innovation, sowie die tiefgreifenden Abhängigkeiten und Entwicklungen dahinter."

Sie nickte und sagte: "Diese Gespräche sind essenziell, um die Wege zu erkennen, die vor uns liegen." Nachdem wir uns verabschiedet hatten, machte ich mich auf den Weg zurück ins Hotel. Durch die Straßen Berlins gehend, ließ ich die Eindrücke des Gesprächs Revue passieren. Die Gedanken an die Zukunft, geprägt von bevorstehenden Veränderungen und ihren Auswirkungen, begleiteten mich. Diese Momente der Erkenntnis und Vorfreude, gemischt mit der Spannung auf kommende Entdeckungen, waren es, die mir immer wieder neue Impulse für meine Forschung gaben.

# KAPITEL 3
# SEILSCHAFTEN

Nach meinem Treffen in Stuttgart kehrte ich mit der Bahn zurück. Diesmal setzte ich entschieden meine Kopfhörer auf, um nicht einmal den Anschein eines Einladungssignals für ein Gespräch zu senden, wie es mir auf der Hinfahrt nach Berlin widerfahren war. Ich vertiefte mich in das Beantworten einiger E-Mails und kontaktierte querbeet verschiedene Bekannte mit Zugang zu den Sicherheitsarten. Eine alte Freundin, die über hervorragende internationale Kontakte verfügt und für das BKA arbeitet, meldete sich prompt. Sie rief mich über einen sicheren Messengerdienst an.

„Ah, da will wohl jemand sicherstellen, dass kaum jemand mithört", begrüßte ich sie, als ihr Lachen durch den Äther klang. Wir plauderten kurz über vergangene Einsätze und amüsierten uns über die Missgeschicke einiger Kollegen. Da war zum Beispiel die Geschichte mit Franky, einem Kollegen, der während einer Beobachtung in einem Kleinbus gegenüber einem Bordells in der Sommerhitze zwei 1,5 Liter Mehrwegflaschen gefüllt hatte – allerdings nicht mit Wasser. Als wir ihn an diesem Nachmittag abholten, saß er da, nur in seinem Schlüpfer, schwitzend und bereit, uns die neuesten Entwicklungen unserer Zielperson zu berichten. Doreen (Name geändert), fragte ihn scherzhaft, ob in der Flasche Apfelsaftschorle sei. Franky konnte sich das Lachen kaum verkneifen und reichte ihr die Flasche. Ich griff schnell ein und warnte Doreen, dass sie besser nicht einmal daran denken sollte, einen Schluck zu nehmen.

Nachdem wir gelacht hatten, kam ich auf meine aktuelle Recherche zu sprechen und teilte ihr meine bisherigen Erkenntnisse mit. Sie war zwar nicht sonderlich beeindruckt, meinte aber, dass die kriminellen Netzwerke für mich von Interesse sein könnten. Zwei Tage später rief sie mich erneut an und nannte mir einen Treffpunkt: Kapstadt, Harbour House an der V&A Waterfront, in zwei Wochen. „Du bekommst die Einladung über die App ‚Appointment' (Name geändert)", sagte sie.

Zwei Wochen später fand ich mich im Harbour House wieder, einem eleganten Restaurant mit einem atemberaubenden Blick auf den Hafen und die dahinterliegenden Berge. Die V&A Waterfront pulsierte vor Leben, Touristen und Einheimischen, die die Sonne und die lebhafte Atmosphäre genossen. Ich saß am Fenster, mein

Blick schweifte über die glitzernden Wellen, während ich auf meinen Kontakt wartete.

Als Yvo (Name geändert) das Restaurant betrat, war ich überrascht – sowohl von seinem Aussehen als auch davon, dass er mich auf Deutsch ansprach. Es war offensichtlich, dass er bereits bestens über mein Vorhaben informiert war. Wir bestellten unser Essen, und während wir aßen, eröffnete sich mir eine Welt internationaler Verflechtungen. Yvo teilte mit mir sein umfassendes Wissen über die Automobilindustrie, die Vernetzung von Rohstoffen, Vertrieb, Zulieferern, Forschung, Produktion und Subventionen. Geschickt webte er seine persönlichen Erfahrungen und Kontakte in die Erzählung ein, ohne dabei besorgt zu wirken, ob er mir oder der Umgebung vertrauen konnte.

Plötzlich wechselte er das Thema. „Kennst du die Gegend hier?", fragte er mich. Ich erzählte ihm, dass ich die Gelegenheit genutzt hatte, mit meiner Familie drei Wochen Urlaub in Kapstadt zu machen. Er lächelte nur, bezahlte die Rechnung, bevor ich auch nur protestieren konnte, und führte mich dann zum Hafen. Dort wartete bereits ein Hubschrauber auf uns.

Während Yvo den Hubschrauber mit routinierter Hand flog, blickte ich hinab auf die beeindruckende Szenerie Kapstadts. Der Flug war für mich so alltäglich wie Autofahren, dank meiner jahrelangen Erfahrung in Spezialeinheiten, aber die Landschaft, über die wir flogen, war einzigartig und begeisterte mich tief. Yvo schlug vor, dass er auch mit meiner Familie einen solchen Flug arrangieren könnte, was ich interessiert aufnahm, allerdings mit der Bedingung, dafür selbst zu bezahlen. Sein Lachen darauf war herzlich und verständnisvoll.

Als wir uns in die Lüfte erhoben, breitete sich die pulsierende Energie Kapstadts unter uns aus. Wir flogen entlang der atemberaubenden Küstenlinie, und Yvo nutzte die Gelegenheit, um auf verschiedene Wahrzeichen und besondere Orte hinzuweisen. Der Blick auf das Kap der Guten Hoffnung war spektakulär – das raue Meer traf auf die felsige Landzunge, ein Symbol für Hoffnung und Entdeckung.

Über den Tafelberg kreisend, bot sich uns ein unvergessliches Panorama. Yvo nutzte diese dramatische Kulisse, um seine Erkenntnisse über die globalen Verflechtungen zu vertiefen. Durch die Voiceover-Anlage des Hubschraubers sprach er über Macht, Politik und Wirtschaft, während wir über die malerischen Landschaften Südafrikas flogen.

Die Townships erstreckten sich in ihrem kontrastreichen Mosaik unter uns. Yvo sprach von den Herausforderungen und Chancen in diesen Gemeinschaften und wie sie Teil des größeren Bildes werden und vor allem wie sie von der globalen Wirtschaft und Politik benutzt werden. Die Universität Kapstadts erschien wie ein Leuchtturm des Wissens in der Ferne.

Yvo steuerte den Hubschrauber geschickt über Kapstadt, während er begann, mir von den jüngsten globalen Entwicklungen zu berichten. Seine Stimme hallte durch die Voiceover-Anlage, während wir über das atemberaubende Panorama des Kaps flogen.

"Es gibt da etwas, das du wissen solltest", begann Yvo. "Korruption, Vetternwirtschaft und Scheinfirmen sind in der Automobilbranche keine Seltenheit, und besonders in China haben deutsche Autozulieferer während der Corona-Zeit schwer gelitten." Er erzählte mir von einem Fall, in dem sich chinesische Manager eines deutschen Autozulieferers "wie an einem Geld-automaten" bedient hatten, indem sie Vorpro-dukte über Scheinfirmen zu überhöhten Preisen verkauften und die Differenz in die eigene Tasche steckten.

"Die strenge Null-Covid-Politik Chinas hat die Situation verschärft", fuhr Yvo fort. "Deutsche Manager konnten kaum ins Land einreisen, und das lokale Management nutzte diese Gelegenheit aus." Er beschrieb, wie sich das Misstrauen gegenüber deutschen Firmen in China aufgebaut hatte und wie Betrugsfälle an der Tagesordnung waren.

· · ·

Dann lenkte er das Gespräch auf ein anderes Thema und berichtete mir von einem massiven Betrugsskandal in der japanischen Automobilindustrie mit weiten Verbindungen zu anderen OEM's. „Du solltest wissen, dass Daihatsu seit Jahrzehnten Sicherheitstests fälscht", sagte er. „Es betrifft eine Vielzahl von Modellen, sogar solche, die unter der Marke Toyota verkauft wurden."

Er erklärte, dass Daihatsu kürzlich über 320.000 Fahrzeuge zurückgerufen und die Produktion in drei ihrer vier Werke bis Mitte Februar ausgesetzt hat. „Sie gaben zu, dass sie seit mindestens 1989 Sicherheitstests manipuliert haben, was 64 Modelle betrifft, darunter einige von Toyota", sagte Yvo.

„Eine Untersuchung ergab 174 Fälle gefälschter Tests, die Dutzende von Modellen betrafen", fuhr er fort. „Der Skandal kam ans Licht, nachdem ein Whistleblower im letzten Jahr die Manipulationen offenbarte." Yvo betonte, dass dieser Skandal nicht nur Daihatsu, sondern auch andere große Marken wie Toyota, Mazda und Subaru betrifft und das Vertrauen in die gesamte japanische Automobilindustrie erschüttert.

„Toyota muss jetzt das Vertrauen in seine Aufsicht wiederherstellen", sagte Yvo. „Das ist das zweite Mal, dass einer seiner großen Partner ertappt wurde. Zuvor hatte Hino Motor Daten gefälscht."

. . .

Yvo erzählte mir, dass Daihatsu sich bei allen
Beteiligten entschuldigt und eine umfassende
Überprüfung seiner Zertifizierungsverfahren
sowie grundlegende Veränderungen in seiner
Unternehmenskultur versprochen hat. „Toyota
unterstützt Daihatsu nicht nur bei der Überprüfung seiner Zertifizierungsoperationen, sondern
auch bei grundlegenden Änderungen in seiner
Unternehmenskultur und im Management",
fügte er hinzu.

Yvo lenkte den Hubschrauber entlang der
dramatischen Küstenlinie, während er tiefer in
die Details der Betrugsfälle eintauchte. "Es ist
nicht nur der offensichtliche Betrug, der uns
Sorgen macht", sagte er. "Es sind die subtilen, tief
verwurzelten Praktiken, die die Branche
untergraben."

Er erläuterte, wie in Asien, vor allem in China,
komplexe Netzwerke aus Scheinfirmen und
korrupten Beziehungen entstanden sind, die sich
tief in die Struktur der Automobilindustrie
eingefressen haben. "Die Globalisierung hat
diese Probleme noch verschärft", fügte er hinzu.
"Unternehmen aus der ganzen Welt sind nun
indirekt Teil dieser unethischen Praktiken."

"Du solltest auch über andere Betrugsfälle in
Asien Bescheid wissen wie in der Biodieselbranche", sagte er weiter. "Nicht nur deutsche Auto-

zulieferer wurden Opfer von Betrug in China, auch die Biodieselbranche in Europa leidet unter unfairen Praktiken."

"Seit China seine fortschrittlichen Biokraftstoffe, vor allem Biodiesel, massiv exportiert, sind die Marktpreise stark gefallen. Viele europäische Hersteller mussten ihre Produktion einstellen oder reduzieren", erklärte Yvo. "Das Problem liegt in der Zertifizierung und Kontrolle. In China ist es schwer, zu überprüfen, ob der Biodiesel wirklich aus nachhaltigen Quellen stammt. Es gibt Verdachtsfälle, dass Biodiesel aus Palmöl umdeklariert und als teurerer fortschrittlicher Biodiesel nach Europa exportiert wird."

Während der Hubschrauber langsam zum Landeplatz zurückkehrte, nutzte ich die Gelegenheit, um mich bei Yvo für die wertvollen Einblicke und die offenen Gespräche zu bedanken. Wir besprachen einen sicheren Weg, um auch in Zukunft in Verbindung zu bleiben. Mit einem ermutigenden Lächeln sagte er: "Viel Erfolg bei deiner Recherche und Veröffentlichung.

Vielleicht sehen wir uns schneller wieder, als wir denken."

Zurück im Hotel ließ ich die Gespräche mit Yvo Revue passieren. Südafrika, mit seiner atemberaubenden Schönheit und komplexen Geschichte, stand als stiller Zeuge der unaufhörlichen Bewegung der Welt – ein Symbol für die ständige Veränderung, die weit über die Grenzen der Automobilindustrie hinausgeht.

Mir wurde klar, dass die Informationen, die ich präsentieren würde, nur ein Teil eines viel größeren Puzzles sind. Es gab noch so viel mehr zu entdecken, zu verstehen und aufzudecken.

Die restlichen Tage in Cape Town genoss ich mit der Familie in vollen Zügen. Kurz vor unserer Abreise aus Südafrika traf ich mich noch mit ein paar alten Freunden in der Nähe von Johannesburg. Auch sie hatten tiefe Einblicke in die globalen Prozesse und konnten mir weitere Perspektiven bieten, die für meine Recherche von unschätzbarem Wert sein könnten.

## KAPITEL 4
# AUF EIN BIER UNTER FREUNDEN

Patty manövrierte den Jeep geschickt durch die vom Regen zerklüftete rote Lehmstraße, die mehr Pfad als Straße war. Wir durchquerten einen Fluss, bedrohlich nahe an den lauernden Krokodilen am anderen Ufer. Mike und Franz, beide aus der Softwareentwicklung und für die EU tätig, lachten über meine besorgten Blicke. Wir erreichten einen Aussichtsturm auf Pattys Ranch, zwei Stunden von Johannesburg entfernt. Trotz des üblen Geruchs von Affenkot auf den Treppenstangen, erklommen wir lachend den Turm und öffneten jeder eine Bierdose. Umgeben von der Wildheit Afrikas, mit Nashörnern, Elefanten und anderen Tieren in der Ferne, fühlte sich dieser Moment surreal an.

"China und die EU," begann Chris. "Es brodelt gewaltig."

. . .

Er sprach über die Spannungen zwischen der EU und China aufgrund der E-Auto-Untersuchungen. "China droht mit Gegenmaßnahmen. Ein Handelskonflikt scheint unausweichlich."

Marc, der bei Tesla arbeitete, nickte. "Es geht um mehr als Autos. Es ist ein Kampf um die Zukunftsmärkte. Beide Seiten subventionieren ihre Industrien."

Die Diskussion drehte sich um Protektionismus. "Die EU schützt sich, riskiert aber, China zu provozieren," warf Mike ein. "China hat bereits mit Untersuchungen im Spirituosenbereich reagiert."

"Die EU plant Maßnahmen gegen wirtschaftliche Zwangsmaßnahmen von China und Russland," sagte ich. "Das könnte die Beziehungen verschärfen."

Wir diskutierten die Feinheiten der globalen Wirtschaftspolitik und tranken dabei unser Bier. Patty rief einen Bekannten bei der EU an, der sich bereit erklärte, mich in Brüssel zu treffen. Diskretion jedoch vorausgesetzt, betont er. Über Lautsprecher hörten wir zu, wie Daniel (Name geändert) Details über die EU-Untersuchungen und Chinas mögliche Reaktionen teilte.

. . .

"Wird China mit Gegenmaßnahmen reagieren?", fragte ich.

"Das bleibt abzuwarten", erklärte der Kontakt. "Aber China sieht die EU-Untersuchungen als unfair an."

Die Diskussion vertiefte sich, als der Kontakt von Chinas möglichen Reaktionen auf die EU-Technologiekontrollen sprach, besonders bei Halbleiterfertigungsanlagen. "China könnte kreativ reagieren," sagte er.

Trotz der Spannungen betonte er, dass EU und China noch viele Kooperationsmöglichkeiten hätten.

Daniel, ein hochrangiger Mitarbeiter in der EU-Kommission für Wirtschaft und Handel, teilte uns mit: "Deutsche Firmen in China wandeln sich vom Gejagten zum Jäger."

"Deutsche Ingenieurskunst wird in China nach wie vor hochgeschätzt, aber die Zeiten ändern sich", fuhr er fort. "Viele deutsche Unternehmen sehen chinesische Firmen als zukünftige Innovationsführer, vor allem in der Autoindustrie. Die Covid-Pandemie hat den Wettbewerb verschärft, aber auch Chancen eröffnet."

. . .

Er berichtete, dass über die Hälfte der deutschen Firmen plant, in den kommenden zwei Jahren in China zu investieren, um wettbewerbsfähig zu bleiben. "Der chinesische Markt entwickelt sich zu einem Fitnesscenter für globale Unternehmen. Deutsche Firmen müssen sich anpassen, um mit den lokalen Wettbewerbern mithalten zu können."

"Chinesische Unternehmen drängen zunehmend auf internationale Märkte, was die deutsche Wirtschaft herausfordert", ergänzte er. "Es besteht die Sorge, dass China bald mit günstigen Batterien, E-Autos und anderen Zukunftsindustrien die Weltmärkte dominieren könnte." Daniel verabschiedete sich, weil er noch zu einem Termin musste.

Die letzten Sonnenstrahlen des Tages malten den afrikanischen Himmel in warmen Farbtönen, und wir lehnten uns zurück, um den Moment zu genießen.

Die Stimmung lockerte sich, als wir begannen, uns gegenseitig amüsante Anekdoten und peinliche Pannen aus unserem Berufsleben zu erzählen. Später fuhren wir zu einer Grillstelle und ließen dort den Abend ausklingen. In diesem Moment, umgeben von der atemberaubenden Natur Afrikas und inmitten guter Freunde, fühlte sich die Komplexität der Weltgeschichte etwas leichter an.

· · ·

Unser Gespräche auf dieser abgelegenen Ranch war ein eindrucksvoller Beweis dafür, dass trotz aller globalen Herausforderungen und Unsicherheiten das Leben auch seine leichten und heiteren Momente hat.

## KAPITEL 5
# EXPERTENMEINUNGEN

Meine Reise führte mich nun zurück nach Stuttgart, in eines der Herzen der deutschen Automobilindustrie. Um die tiefgreifenden Transformationen und aktuellen Herausforderungen besser zu verstehen, organisierte ich ein Zoom-Meeting mit führenden Experten von Bosch, Tesla und Mercedes.

So informierte ich alle im Vorfeld über folgende Themen sprechen zu wollen, aber durchaus offen für Innovationen, Frustthemen und sonstige Prioritäten. So leitete ich meine Zoomeinleitung mit folgenden Sätzen ein:

> *„Die deutsche Autoindustrie, bekannt für ihre Ingenieurskunst und Innovationskraft, steht vor dem größten Wandel ihrer Geschichte. Die Ära der Elektromobilität und vernetzten Fahrzeuge hat begonnen, und traditionelle Autobauer müssen sich neu erfinden. Unternehmen wie Bosch, AVL in Graz oder ZF Friedrichshafen, um nur einige*

*Beispiele zu nennen, sehen sich gezwungen, ihre Unternehmenskultur zu verändern und sich mehr und mehr zu Softwarefirmen zu entwickeln, um wettbewerbsfähig zu bleiben. In meinem Zoom-Meeting möchte ich diskutieren, wie deutsche Automobilhersteller in einem Markt bestehen können, der bereits von Pionieren wie Tesla und chinesischen Unternehmen dominiert wird. Der Wettlauf um die Elektromobilität ist in vollem Gange, und Deutschland muss aufholen. Doch wie? Ich würde auch gerne die Verbrauchertrends nach der Deloitte Global Automotive Consumer Study 2024 beleuchten. Trotz des Rückgangs des Interesses an Elektrofahrzeugen aufgrund hoher Kosten und begrenzter Infrastruktur, gibt es wichtige Entwicklungen in Bezug auf Markenwechsel, Konnektivität und Mobilitätsdienstleistungen. Wie reagieren die Unternehmen auf diese Trends? Ein weiterer kritischer Punkt unserer Diskussion könnte die wirtschaftliche und geopolitische Lage sein. Die deutsche Automobilindustrie steht vor Herausforderungen wie Arbeitsplatzabbau, Produktionsrückgängen, Betriebskostenexplosionen und Abhängigkeiten von Märkten wie China. So betonte die VDA-Präsidentin die Notwendigkeit einer aktiven Rohstoffaußenpolitik und Diversifikation. Also konkret die Frage: Wie kann Deutschland diese Herausforderungen bewältigen und seine Wettbewerbsfähigkeit erhalten? Diese Themen sollen die Grundlage für dieses Meeting bilden, um die Komplexität und Dynamik der globalen Automobilindustrie sowie deren Auswirkungen auf lokale Unternehmen und Arbeitsplätze zu erörtern. Ich sende Ihnen diese Zusammenfassung im Vorfeld des Meetings zu, um eine tiefgründige und informierte Diskussion zu ermöglichen. Mit besten Grüßen Max Mitera"*

Nachdem ich endlich die Experten von Bosch (Norbert – Name geändert), Tesla (Michael – Name geändert) und Mercedes (Thomas – Name geändert) und den Insider für wirtschaftliche Beziehungen mit China (Simon – Name geändert) im Meeting versammelt hatte, betonte ich gleich zu Beginn, dass mein Ziel ein transparenter Bericht sei, wobei jedoch die Anonymität der Teilnehmer gewahrt bleiben würde. Ich ermutigte meine Gäste, tiefer in die Materie einzutauchen, sich nicht selbst zu überhöhen und ergebnisoffen zu bleiben, um dem Leser Einblicke und die Möglichkeit zur eigenen Meinungsbildung zu bieten, die über die Oberfläche hinausgehen. "In der heutigen Ära der Technologie hat jeder die Möglichkeit, selbst zu recherchieren und zu entdecken. Lasst uns den Vorhang ein wenig lüften und sehen, was dahintersteckt", begann ich.

Dann kam ich zur Sache und konfrontierte Thomas (Mercedes-Insider) mit einer provokanten Frage: „Ist Ihre E-Flotte, in die so viel Forschung und Produktionskosten geflossen sind, nun zu einem Ladenhüter geworden, der sich nur schleppend verkauft?".

Thomas zögerte einen Moment, bevor er antwortete: "Nun, es ist wie mit einem guten Wein – er muss reifen. Wir stehen vor einem Paradigmenwechsel, und ja, es gibt Herausforderungen. Aber wir glauben an die Zukunft der E-Mobilität. Es ist eher eine Frage des Marktes, der Infrastruktur und der Kundenakzeptanz als der Produktqualität."

"Also, im Grunde sind E-Autos wie Teenager – voller Potenzial, aber manchmal etwas schwer zu verkaufen", warf ich ein, um die Runde etwas aufzulockern und zu verhindern, dass sich jeder zu ernst nahm.

Norbert (Bosch-Insider) sprang ein: "Ganz richtig. Es ist ein Marathon, kein Sprint. Wir müssen alte Systeme loslassen, um neue Wege zu beschreiten. Das tut manchmal weh, ist aber der Schlüssel für eine erfolgreiche Transformation."

"Ein Marathon, sagen Sie? Ich hoffe nur, dass wir alle ins Ziel kommen. Das wir über die Ziellinie sehr wahrscheinlich humpeln, ist wahrscheinlich – oder?", scherzte ich.

Michael (Tesla-Insider) nickte zustimmend: "Wir bei Tesla haben diesen Schritt schon vor Jahren gemacht. Es ist faszinierend zu sehen, wie traditionelle Autobauer jetzt versuchen, aufzuholen. Aber es ist ein hartes Rennen, und der Markt ist unerbittlich."

Ich nickte und fuhr fort: "Ist das der Punkt, dass Innovation nicht nur eine Frage der Technologie ist, sondern auch des Timings und der Marktdynamik? Also müssen nur die aktuellen Fahrzeugbesitzer diesen schmerzhaften Wandel vollziehen, der dann letztendlich zu etwas Besserem führt?"

Nach meiner Frage zur Rolle von Innovation in Bezug auf Technologie und Marktdynamik entstand eine spürbare Spannung im virtuellen Raum. Ich konnte mir ein Schmunzeln nicht verkneifen, als ich die nachdenklichen Gesichter auf dem Bildschirm beobachtete. Dann, mit einem Seufzer, der fast wie ein Kapitulationsakt klang, brach Thomas das Schweigen. „Ja, wir müssen ordentlich in die Rabatt-Trickkiste greifen", gestand er. Seine Worte hallten, wie ein Eingeständnis der harten Realität, wider. Es muss eine Logik sein, dass selbst ein Gigant wie Mercedes sich in der rauen See des Automobilmarktes behaupten muss und der Markt seine eigene Regeln und eine bislang ungewisse Zukunft haben wird.

Daraufhin warf Simon (China-Insider) ein, dass Mercedes in China sogar Abschläge von 30 bis 40 Prozent bei einem Gesamtpreis von 150.000 Euro hinnehmen muss. "Ihr habt die Autos völlig am Zielkunden vorbeientwickelt. Der EQS? Ein Fahrzeug für den Fahrer in einem Land, wo die Reichen hinten sitzen wollen."

Thomas verteidigte die Strategie: "Wir haben unsere E-Klasse für den chinesischen Markt

angepasst, um 18 cm verlängert für mehr Bein-
freiheit hinten. Damit waren wir einer der
Ersten, die die Kundenwünsche erkannt haben
und entsprechend unsere Fahrzeuge angepasst
hatten."

"Warum dann beim EQS dieser Fehltritt?", hakte
Simon nach.

"Der EQS ist ein Erlebnis für den Fahrer, voller
Komfort und Luxus", erwiderte Thomas.

Michael lachte: "Ein Fahrerlebnis bei einem
200.000-Euro-Auto? Das ist doch ein Witz!"

"Es geht um den Komfort", beharrte Thomas,
"vollgepackt mit Leder und allen Extras."

Norbert stimmte zu: "Die Lichtphilosophie bei
Mercedes wie das Ambilightsystem schafft
Atmosphäre und erzeugt eine hohe Exklusivität
und ist zudem ein Alleinstellungsmerkmal - mit
dieser Qualität."

Michael blieb skeptisch: "Technologieführerschaft ist wichtiger als 'Bling-Bling'." Er
machte eine kurze Pause und holte dann aus:
„Also, was die Technologie angeht, haben wir
bei Tesla die Nase vorn, zumindest in diesem

Segment". Bei Thomas und Norbert war lautes Aufstöhnen zu hören.

„Nur mal ein einfaches Beispiel", fuhr Michael fort. „Wir haben insgesamt drei Steuergeräte in unseren Fahrzeugen. Das VC-Front-Modul, den Front-Body-Controller und das Vehicle Control Modul. Nur drei Module für das Wesentliche. Im Vergleich dazu haben Mercedes, Audi und andere im Schnitt 90 Steuergeräte!"

Norbert warf ein: „Aber ihr entwickelt eure Module selbst und lasst damit wertvolle Entwicklungen anderer Firmen außen vor. Zudem basiert eure Kommunikation auf einer einheitlichen Systemsprache und hochfrequenten Übertragungen."

Michael konterte: "Wir komprimieren unsere Steuergeräte, um Effizienz zu maximieren. Schauen Sie sich den Hyperscreen von Mercedes an – es sieht aus wie ein einziger Bildschirm, aber tatsächlich sind es vier verschiedene Bildschirme, die durch mehrere Steuergeräte verbunden sind, was die Reaktionszeit verlangsamt."

"Jedes dieser Steuergeräte, seien sie von VDO, Siemens oder anderen Herstellern, raubt dem System Zeit und Geschwindigkeit. Deshalb sind unsere Systeme schlanker und effizienter."

· · ·

„Aber das ist doch das Geniale daran", erwiderte Thomas. „Unsere Kunden schätzen diese Art von Innovation und Qualität."

„Innovation?", lachte Michael. „Es geht um Effizienz und Markanteile, nicht darum, wie viele Lichter leuchten oder wie viele Bildschirme verbaut sind. Bei Tesla konzentrieren wir uns auf das, was wirklich zählt – die Technologieführerschaft."

Simon nickte zustimmend. "Das erinnert mich an die PC-Leistung – jeder kennt das Phänomen - je mehr Programme laufen, desto langsamer wird der Computer. Genau deswegen ist Teslas System so effizient: minimale Steuergeräte, maximale Leistung."

"Und was die produktionsgerechte Produktgestaltung betrifft – Poka Yoke ist das Zauberwort," fuhr Michael fort. "Es ist wie beim Puzzlespiel für Kinder: Das Dreieck passt nur in die Dreieckform, das rote Kabel nur an den roten Anschluss. Diese Art der fehlerfreien Gestaltung hat Tesla schnell gemeistert, schneller als Mercedes und die meisten anderen OEMs."

Michael holte weit aus, mit einem Grinsen, das seine Begeisterung kaum verbergen konnte. „Für mich war es schon immer beeindruckend," begann er, „wie ein so junges Unternehmen wie Tesla – praktisch noch in den Windeln – es so schnell beherrschen kann. Die Qualität hat so wenige Fehler beim Kabelstecken, dass man fast denkt, sie spielen "Farben nach Zahlen" für Erwachsene: Rot mit Rot, Gelb mit Gelb und Grün mit Grün – kinderleicht, oder besser gesagt, idiotensicher. So werden Fehler nicht nur reduziert, sie werden praktisch ausgemerzt. Recolor-Coding ist nur ein Beispiel der Effizienz, die ich bei anderen OEMs vermisse. Und das wissen wir, weil viele unserer Mitarbeitenden von den OEMs zu uns gewechselt sind."

Thomas spricht leise, fast als ob er ein geheimes Geständnis ablegt. „Ja, das kritisiere ich auch immer, dass wir zu langsam reagieren. Aber da sitzen welche an den Hebeln und das auf allen Ebenen, die lieber sich selbst auf der Bühne sehen, statt das Stück zu wechseln." „Bei Tesla, wenn mal was nicht funktioniert, dann ist das spätestens in drei Monaten geändert.", schob Michael nach.

Thomas nickte. „Genau, und bei uns wird alles erst mal zu Tode diskutiert. Es ist, als ob man erst den Sündenbock finden muss, bevor man das Problem löst. Nach dem Motto: "Soll doch der Monteur, der am Band, der ... bla, bla, bla ... soll er doch einfach machen, was in der Anleitung steht"."

Norbert schaltete sich ein, mit einem Seufzer, der Jahre der Frustration enthielt. „Ja, das ist bei uns auch so. Anstatt sich auf die Lösung eines

Problems zu konzentrieren, verkommt es oft zu einem internen Kampf. Bei Bosch könnte ich ein Lied davon singen – wobei es eher eine Oper der Verzögerungen und Missverständnisse wäre oder eben die Profilneurosen einiger psychopathischer Führungsfiguren."

Thomas, mit einem Tonfall, der die Schwere seiner Jahre in der Branche widerspiegelte, brachte ein allzu bekanntes Dilemma zur Sprache. "Zwischen Entwicklung und Auslegung klafft oft ein Graben, und zu oft wird von oben herab signalisiert – auf gut Schwäbisch – 'de soll ma soi Gosch halda'."

Simon sprang darauf an, seine Worte mit einer Energie untermauernd, die elektrisierte. "Genau da setzen wir an! Die produktionsgerechte Produktgestaltung ist der Dreh- und Angelpunkt, um die nötige Geschwindigkeit zu erreichen. Das ist der Hebel, den wir brauchen."

Michael nickte zustimmend, seine Stimme fest und überzeugend. "Tesla beherrscht genau das. Durch diese Präzision in der Gestaltung werden Fehler und Montagezeiten drastisch reduziert. Und, was noch wichtiger ist, die Komplexität bei Bauteilen bleibt gewahrt. Genau darauf kommt es an."

"Richtig," fügte Simon hinzu, "es ist essenziell, auch mal unter den Teppich zu schauen."

． ． ．

Thomas blickte auf, ein Funkeln in seinen Augen. "Dieses Prinzip lässt sich auf das ganze Auto anwenden. Von den Sitzen bis zur Karosserie – so beginnt es. Und genau das treibt die Kosten hoch. Mehr Montagezeit, mehr Bauteile, weil die Variabilität bei Mercedes weit höher ist als bei Tesla. Das wissen wir von Leuten, die zu uns wechseln – und manchmal gelingt es uns sogar, sie zurückzugewinnen." Er grinste in die Kamera und Michael konterte sofort: „Tausend mal höher als bei uns, mein Lieber."

Simon brach das Eis mit einer provokativen Bemerkung, die sofort die Aufmerksamkeit auf sich zog: "Wisst ihr, ein Grund, warum deutsche Autos nicht verkauft werden, ist das Design."

Thomas war schnell mit einer Erwiderung zur Stelle, die eine Spur von Verteidigung in seiner Stimme erkennen ließ: "Mercedes strebt das Reichweitenziel an, und das finde ich nach wie vor eine grandiose Idee. Das Bestreben, den CW-Wert zu minimieren, um etliche Kilometer mehr herauszuquetschen, ist doch bewundernswert."

Michael schüttelte den Kopf, halb amüsiert, halb besorgt: "Aber schätzt der Kunde das wirklich? Sicher, der EQS kann länger fahren als der Tesla, um 40, 50 Kilometer, manchmal sogar um 100 Kilometer, aber interessiert das jemanden? Jetzt regiert das Design."

Simon konnte sich ein Grinsen nicht verkneifen: "Jetzt lacht doch jeder über das Aussehen des Mercedes. Die Nase... sieht aus wie die eines Toyota Corolla aus den 90ern."

Michael nickte zustimmend und fügte hinzu: "Ein Blick ins Internet genügt. Es gibt unzählige Vergleiche zwischen dem EQS und dem alten Corolla. Die Design-Sprache ist erschreckend ähnlich."

Thomas, sichtlich betroffen, erinnerte daran, dass ihre Diskussion vertraulich sei, woraufhin alle zustimmend nickten.

"Es kursieren Witze," fuhr Thomas fort, "dass man statt eines 150.000 Euro teuren Mercedes auch einen 20 Jahre alten Corolla kaufen könnte, der genauso aussieht."

Simon griff das Thema wieder auf: "Das ist einer der Hauptgründe, warum das deutsche Konzept oft nicht aufgeht. Letztendlich muss ein Auto Begehren wecken. Man gibt Geld aus für einen Porsche, weil es eine Ikone ist, oder für einen Ferrari, wegen der Assoziation mit der Formel 1."

Thomas versuchte zu verteidigen: "Mercedes steht doch auch für Komfort und Technologie."

"Aber was ist jetzt daraus geworden? Versuche, mit Reichweite und ein wenig Bling-Bling zu punkten, scheitern," kritisierte Simon.

Thomas gab nicht auf: "Im Design-Bereich sind wir uns der Herausforderung bewusst. Normalerweise haben wir diese 7-Jahres-Zyklen bei Modellen. Aber beim EQS wird der Modellpflege-Zyklus auf zwei Jahre verkürzt."

Simon sah darin ein klares Zeichen: "Ein deutliches Signal, dass diese Fahrzeuge nicht die gewünschte Nachfrage finden."

Ich warf die Frage auf, ob Mercedes nicht über die Technologie punkten könne, indem man intensiver auf CAN und Ethernet setzt. Für diejenigen unter uns, die sich nicht täglich damit beschäftigen: CAN, das Controller Area Network, ist ein robustes Fahrzeugbussystem, das verschiedene Steuergeräte im Fahrzeug vernetzt und für die Kommunikation ohne zentrales Computermodul sorgt. Ethernet im Fahrzeugkontext erweitert diese Möglichkeiten durch höhere Datenübertragungsraten, ideal für komplexe Anwendungen wie autonomes Fahren oder das Streamen von Multimedia-Inhalten."

. . .

Norbert nickte und erwiderte: "Ganz gleich, wie fortschrittlich diese Technologien sind, mit jedem neuen Bauteil von externen Anbietern kommen Schnittstellenherausforderungen. Nehmen wir das Beispiel der Steuergeräte: Drei davon mögen schwerer sein, aber sie wiegen nichts im Vergleich zur Komplexität von 90 Geräten und ihren Verbindungen."

Michael fiel ihm ins Wort: "Das bringt uns zur Effizienz. All diese Komponenten zu montieren, kostet Zeit und Geld. Und bei den Premiumfahrzeugen, die hier in Deutschland vom Band rollen, vervielfachen sich diese Kosten. Letztendlich wollen wir alle irgendwann auch wieder profitabel sein, nicht wahr?"

Thomas, mit erhobener Augenbraue, konfrontierte Michael: "Erklär mir, wie Tesla alle paar Monate die Preise kürzen kann? Das würde doch nur gehen, wenn ihr auf Geldscheinen schlaft."

Michael, mit einem Schmunzeln, das mehr sagte als Worte: "Ach, Thomas, es ist die Kunst der Marge. Nehmen wir das Modell Y, das schlägt mit rund 60.000 zu Buche, dabei lachen wir uns ins Fäustchen mit fast 50 Prozent Marge. Das gibt uns Spielraum für Preismanöver. Unsere Produktion ist ein geöltes Blitzlichtgewitter der Automatisierung, bei dem mit jedem zusätzlichen Fahrzeug die Kosten sinken."

· · ·

Michael begann über die Firmenphilosophie von Tesla zu sprechen: "Ein fundamentaler Unterschied zu herkömmlichen Firmen ist unsere ständige Bereitschaft, jegliche Anforderungen zu hinterfragen. Es ist allseits bekannt, dass, wenn Elon jemanden fragt, was er tut und warum und dieser jemand keine überzeugende Antwort geben kann, dann sieht Elon das schnell mal als Zeichen, dass die Person seine Philosophie nicht verinnerlicht hat – mit potenziell gravierenden Folgen. Es gab Zeiten, da führte genau das zu persönlichen Entlassungen durch Elon selbst."

Er fuhr fort: "Ein prägendes Beispiel war die Debatte um eine Dämmmatte zwischen Batteriefassung und Fahrzeugchassis. Ein heftiger Streit entbrannte unter den Ingenieuren, ob diese Matte geklebt, genietet oder verschweißt werden sollte. Als der Konflikt seinen Höhepunkt erreichte, schritt Elon ein. 'Wofür brauchen wir diese Matte?' war seine erste Frage. Eine Stille folgte; niemand wusste die Antwort, bis schließlich jemand mutmaßte, es ginge um Brandschutz oder Lärmschutz. Doch als die zuständigen Experten hinzugezogen wurden, klärte sich, dass die Matte aus dieser Sicht nicht notwendig war. Sie war lediglich ein Überbleibsel alter Gewohnheiten."

Michael teilte im weiteren Verlauf sehr detailliert die Philosophie von Elon Musk mit: "Nachdem wir die Anforderungen in Frage gestellt haben, eliminieren wir alle überflüssige Elemente, was schon unsere zweiten Regel darstellt: Alles, was nicht zwingend nötig ist, wird aus dem Prozess entfernt. 'Delete' ist dabei unser Zauberwort. Jede Anforderung steht unter dem ständigen Vorbehalt der Überprüfung – 'questioning the requirement'. Die dritte Regel fordert uns auf, stets jede Handlung also die Prozesse zu vereinfachen und zu optimieren. Laut der vierten Regel geben wir jedem neuen Prozess genügend Zeit, um die optimale Betriebsgeschwindigkeit zu erreichen. Sobald diese erreicht ist, schauen wir genau hin: Alles, was sich mehr als zweimal am Tag wiederholt, wird automatisiert. Diese Grundsätze formen das Rückgrat unserer Philosophie und sind das Geheimnis hinter dem Erfolg von Unternehmen, die wirklich etwas bewegen wollen."

Simon, mit der Aufmerksamkeit eines Falken, lauschte den Ausführungen, während Thomas und Norbert gelegentlich Notizen kritzelten – oder ihre Gedanken in ferne Welten schweifen ließen; wer könnte das schon mit Sicherheit sagen? Simon meldete sich mit einer Feststellung: "Durch solche Prozessphilosophien spart man nicht nur Montagezeit, sondern schafft auch Raum für Innovationen und kultiviert ein ständig wachsendes Potential für zukünftige Anpassungen. Das Ganze fußt auf einem grundlegend anderen Umgang mit Fehlern."

Thomas pflichtete bei: "Wenn ein Bauteil immer wieder Kopfzerbrechen bereitet, beginnt oft das große Schuldspiel, das von den Entwicklungsabteilungen zu den Produktionsabteilungen hin und hergeschoben wird – vom Paintshop über den Rohbau bis zur Montage. Es ist, als würde man einem Pingpong-Ball bei seinem endlosen Hin und Her zusehen."

Michael ergriff wieder das Wort und zeichnete den Tesla-Ansatz: "Unser Ziel ist es, das Produkt nicht nur fertigzustellen, sondern es stetig zu verbessern. Ein Beispiel? Wenn die Info zurück in die Design-Abteilung geht, dass eine Verbindung auch mit zwei statt drei Schrauben auskommt, zögern wir keine Sekunde. Ein Klick, eine neue Teilenummer, und schwupp, der Prozess ist optimiert. Was früher ewig dauerte, erreichen wir jetzt in kürzester Zeit und ein ganzes Produkt können wir schon in 5 bis 6 Monaten komplett an die Anforderungen anpassen."

An dieser Stelle unterbrach ich, mit einem skeptischen Unterton in der Stimme: "Ist das wirklich so eine kurze Zeit?"

Thomas wirft mit einem Hauch von Sarkasmus ein: "Bei Mercedes? Da kommen Anpassungen traditionell erst nach dem Ende einer Produktlaufzeit – und die kann locker sieben Jahre dauern. Bei uns klingt das oft nach dem Motto: 'Scheiß drauf, macht irgendwie, dass es funktioniert.' Dann stürzen wir uns auf das Design und das nächste große Ding. Man muss sich die großen OEMs wie Daimler oder VW als gigantische Tanker vorstellen, die sich nur mühsam bewegen. Der Grund? Sie navigieren auf Systemen und Modellen, die zwar in die Jahre gekommen sind, aber von Produktmanagern und Systemdirigenten mit eiserner Hand verteidigt werden. Es ist eine unbequeme Wahrheit, dass man an vielen Stellen festgefahren ist und die Agilität vermissen lässt – ein Zustand, den der Markt unerbittlich bestraft. Denn nur die Schnellen und Anpassungsfähigen überleben. Bei einem Riesen wie Mercedes bedeutet jede Produktänderung ein Zeit- und Geldfresser: Stücklistenänderungen hier, zusätzliche Zahlungen an Lieferanten dort. Deshalb schieben wir Änderungen lieber auf die Modellpflege."

Norbert von Bosch ergänzt: "Ja, und in der Zwischenzeit lässt man Kunden und Mitarbeiter im Regen stehen, obwohl letztere die Notwendigkeiten oft längst erkannt haben. Änderungen durchzusetzen dauert dann gefühlte Ewigkeiten."

Michael wirft ein: "Bei Tesla sieht die Welt anders aus. Probleme werden umgehend erkannt. Wenn sich etwas nicht wie vorgesehen verbauen lässt, suchen wir sofort nach Lösungen – Ausreden haben da keinen Platz."

Max wirft einen weiteren Faktor in die Runde, um die Diskussion nicht nur intern zu beleuchten. Er beginnt mit Nachdruck: "In den vergangenen Monaten haben sich die

Herausforderungen für Deutschland in den Bereichen Energiepolitik, Wirtschaft und Geopolitik dramatisch verschärft. An vorderster Front der Kritik steht unsere Energiepolitik. Die Entscheidung, Kernkraftwerke vom Netz zu nehmen, während wir gleichzeitig unsere Abhängigkeit von Gasimporten vertiefen, hat uns in eine äußerst prekäre Lage manövriert. Die daraus resultierenden, astronomisch hohen Energiepreise stellen eine Bürde für Verbraucher und Unternehmen gleichermaßen dar, wodurch Deutschland als Produktionsstandort zunehmend an Attraktivität verliert.

Berichten zufolge überlegen immer mehr deutsche Unternehmen, ihre Produktion ins Ausland zu verlagern, um den eskalierenden Betriebskosten und der wachsenden regulatorischen Belastung zu entkommen. Dieser Trend, der sich in den letzten Jahren abgezeichnet hat, stellt Deutschland vor gewaltige wirtschaftliche Herausforderungen.

Darüber hinaus haben geostrategische Fehltritte, etwa die verspätete Reaktion auf die dringende Notwendigkeit, unsere Energiequellen zu diversifizieren, und eine unzureichende Vorbereitung auf geopolitische Spannungen, unsere Energieversorgungssicherheit weiter gefährdet.

Diese Lage wird noch durch die anhaltend hohe Inflation und steigende Lohnkosten verschärft, welche die Wettbewerbsfähigkeit deutscher

Produkte auf dem Weltmarkt zusätzlich unterminieren. Infolgedessen steigt das Risiko von Konkursen, insbesondere bei kleinen und mittelständischen Unternehmen, die das Fundament unserer Wirtschaft bilden.

In diesem Kontext sieht sich die Bundesregierung, bestehend aus Bundeskanzler Scholz, Wirtschaftsminister Habeck, Finanzminister Lindner und Innenministerin Faeser, mit erheblichen Vorwürfen konfrontiert. Die Palette der Kritik reicht von einer mangelnden Weitsicht in der Energiepolitik über geostrategische Fehleinschätzungen bis hin zu einer Vernachlässigung der Bedürfnisse des Mittelstands und der Industrie.

Angesichts dieser vielschichtigen Herausforderungen ist es von entscheidender Bedeutung, dass die Regierung umgehend handelt, um unsere Energieversorgung zu sichern, die Wirtschaft zu stabilisieren und die Grundlagen für eine nachhaltige und zukunftsfähige Entwicklung zu schaffen."

Norbert teilt mit, dass Zukunftsfähigkeit nur durch einen adaptiven operativen Prozess erreichbar ist, der flexibel reagiert und die Kosten stets im Auge behält, also einschätzt, wann eine Änderung lohnenswert ist und wann nicht. "Es existieren zwar entsprechende Prozesse und Tools, doch bezweifle ich oft, dass diese wirklich ihrer eigentlichen Aufgabe gerecht werden."

Michael ergänzt: "Aber solche Positionen verursachen Kosten, die oft auf Führungsebene gar nicht verstanden werden, weil – grob gesagt – der Verkäufer sein Produkt rechtfertigt und der Käufer die Zusammenhänge kaum durchschaut."

"Die Notwendigkeit besteht dann oft nur auf dem Papier, durch Worte, Verträge und eine Compliance, die kaum noch jemand versteht oder durchdringen kann."

"Die externen Faktoren setzen die Standards, und unser Einfluss auf Politik und Wirtschaft ist geostrategisch nicht gut aufgestellt, obwohl international durchaus nicht geschlafen wird. Ganz im Gegenteil, die Marktanteile verschieben sich direkt vor unseren Augen, und doch scheint es, als würden unsere Firmen und Politiker in ihrer Reaktionsgeschwindigkeit hinterherhinken, als wären sie auf LSD und könnten in der Zeit zurückreisen, um alles zu ändern. Aber die Realität lässt sich nicht leugnen, da beißt die Maus kein Faden ab!"

Paul wirft ein: "Woher kommt eigentlich der Spruch 'da beißt die Maus keinen Faden ab'?" Norbert antwortet mit einem Augenzwinkern: "Das ist eine alte Redewendung, die bedeutet, dass an einer Tatsache nicht zu rütteln ist. Sie stammt aus einer Zeit, als Mäuse noch als Schädlinge in Textillagern galten. Wenn eine Maus keinen Faden abbeißt, ist das, was übrigbleibt, unumstößlich fest."

Thomas beginnt mit einem nachdenklichen Ausdruck: "Anstatt dass wir uns auf unseren Lorbeeren ausruhen – eine Praxis, die in der Menschheitsgeschichte allzu häufig vorkam – sollten wir uns ein Beispiel am Darwinismus nehmen. Wenn du dich nicht anpasst, dann, nun ja, endest du als Fußnote in den Geschichtsbüchern der Evolution oder schlimmer noch als lebendes Anschauungsmaterial in einem sehr langweiligen Museum, das keiner besucht."

Norbert ergänzt mit einem zustimmenden Nicken: "Das ist tatsächlich eine treffende Analogie, die diese Entwicklung am besten beschreibt. Es ist wie bei den Dinosauriern – nur dass unsere Meteoriten heutzutage 'Marktveränderungen' und 'technologische Revolutionen' heißen. Und im Gegensatz zu den Dinosauriern haben wir die vielleicht eine Chance, unseren Meteoriten auszuweichen.

Doch dann wendet sich das Gespräch dem aktuellen Zustand der Automobilindustrie und speziell Porsche zu. Norbert teilt mit, dass er mit mehreren Mitarbeitenden von Porsche gesprochen hat. "Laut diesen werden viele Mitarbeitende bei Porsche nicht mehr übernommen.

Selbst wenn diese erfolgreich mehrere Projekte begleitet haben, bekommen Zeitarbeiter und Projektnehmer keine Übernahme. So etwas hat es seit den 90ern bei Porsche nicht mehr gegeben."

Paul fügt ein: "Doch das Modell Porsche Taycan erfreut sich einer nicht abzureißenden Nachfrage, nicht wahr? Ich halte diesen Porsche für einen der schönsten Konkurrenten der besten Autos von Tesla und Co. Und wenn Porsche, wie Norbert mitteilt, massiv Stellen abbaut, dann sind das doch rote Flaggen?"

Michael zeigt sich skeptisch: "Auf der anderen Seite benötigen wir dringend Fachkräfte wie sonst noch was. Bei dem Thema Einwanderung geht es auch immer darum, den Bedarf an Fachkräften zu decken, und das gilt sogar für die ferne Zukunft. Aber diese derzeitige Entwicklung widerspricht dem Ganzen etwas. Aktuell heißt es vonseiten der Politik, dass 400.000 Arbeiter fehlen, und gerade in der Produktion."

Thomas schiebt nach: "Aber das gilt dann wo nicht für die Automobilbranche – hier sehe i das nicht. Aber vielleicht gilt es als Überbegri

Norbert hebt hervor, dass auch bei St (Fiat) überall gespart wird. "Jeder Cer umgedreht, und Ausgaben über 50 € ganz nach oben gemeldet werden." Ei die den erbitterten Preiskampf in der Branche widerspiegelt, wie Michael anmerkt.

Paul teilt eine persönliche Erfahrung, die er kürzlich bei einem Opelhändler in der Nähe von Stuttgart machte: Im Hauptverkaufsraum wurden ausschließlich chinesische Modelle präsentiert. "Ist das hier kein Opelhändler mehr?", fragte ich damals, und mir wurde erklärt, dass man damit die Nachfrage decke und versuche, diese kostengünstigen Fahrzeuge anzubieten. Jedes Modell wurde mit Merkmalen von Premiummarken verglichen – "Das Display wie bei Mercedes und das Türgriffsystem wie bei Tesla." Überrascht von dieser Strategie, fragte ich nach Opelmodellen und wurde in einen hinteren Verkaufsbereich verwiesen. "Merkwürdig, oder?" fragt er in die Runde.

Norbert führt diese Entwicklung auf die neuen ̣uro-7-Normen zurück, die dazu führen könn-
dass sich bald kaum jemand aus dem Mittel-
ein Auto leisten kann – ein Trend, der
̣hindeutet, dass Autos zunehmend nur
̣rivilegierte produziert werden.

̣l
̣ch
̣f."
                              mit einer Frage an Simon: "Was
                         ̣ung für die deutschen Auto-
                    ̣non, der aufmerksam zuge-
̣lantis          "Die Konzentration auf
̣t wird         ̣ntscheidend, mit einem
̣müssen        Es gilt, jede Anforde-
̣e Praxis,     ̣ zu hinterfragen –

'Brauche ich das, oder brauche ich das nicht?'
Und ganz wichtig ist die Kundenorientierung.
Wir müssen wirklich verstehen, was der Kunde
will. Die Deutschen haben diese Kundenorientierung in den letzten 30 Jahren zu wenig
hinterfragt."

Simon vertieft die Diskussion mit einem
prägnanten Kommentar: "Für die deutschen
Premiumhersteller war das Erfolgsrezept immer
mehr PS, mehr Hubraum, mehr Leder. Doch die
Zeiten, in denen das alleine genügte, sind vorbei.
Jetzt gilt es, das Ohr am Puls der Zeit – oder
besser gesagt, am Smartphone der Generation Z
– zu haben. Was begehren sie? Ein iPad auf
Rädern, gespickt mit Social-Media-Features?
Und falls der nächste Schritt für deutsche Autos
ein eingebautes Instagram ist, sollte es zumindest schneller laden als der Rest der Industrie
Innovationen umsetzt. Diese Entwicklung ist
entscheidend, um in der Branche weiterhin eine
Rolle zu spielen, aber bitte mit weniger Steuerge-
räten und einem Produktionsprozess, der nicht
aus dem letzten Jahrhundert stammt. Ziel ist es,
das Fahrzeug der Wahl zu kreieren, das nicht nur
begehrt, sondern auch erschwinglich ist."

Michael fügt mit einem Seitenhieb auf Elon
Musk hinzu: "Man kann von Musk halten, was
man will – und ja, es gibt genug zu kritisieren,
angefangen bei seinem Umgang mit Mitarbeitern
bis hin zu seinen teilweise bizarren öffentlichen
Auftritten. Aber eines kann man ihm nicht
absprechen: Er hat verstanden, dass gutes

Design nur die Spitze des Eisbergs ist. Die wahre Herausforderung liegt in der Produktion. Musk zelebriert das 'Manufacturing is the key'-Mantra, während andere noch über das perfekte Lederfinish sinnieren. Das Design macht nur 1/10 gegenüber der Produktion aus. Vor allem zählt die Wiederholbarkeit und Nachvollziehbarkeit der Produktionsabläufe. Elon Musk mag wie ein außerirdischer Besucher wirken, der zufällig das Autobauen revolutioniert hat. Aber vielleicht ist es genau das, was nötig war, um die Industrie aus ihrem Dornröschenschlaf zu wecken. Wer hätte gedacht, dass es eines Tages eines Marsbewohners bedarf, um die Räder der Zeit hier auf der Erde schneller drehen zu lassen?"

Norbert bringt einen weiteren kritischen Punkt ein: "In Deutschland scheint man auf einem hohen Ross zu sitzen, wenn es um die Entwicklung geht. Man glaubt, mit einem Fuß in der Entwicklungsabteilung hätte man den beruflichen Olymp erreicht. Aber wir vergessen dabei, dass die wahre Meisterleistung in der Produktion liegt, im 'einfach' Machen – das, was oft als minderwertige Wiederholung abgetan wird. Doch ohne diese 'einfache' Wiederholbarkeit kein Produkt, kein Erfolg. Lean Management? Mehr als nur ein Schlagwort, sondern eine Notwendigkeit, die Elon Musk schneller begriffen hat, als so mancher deutscher Autobauer seinen Kaffee umrührt."

Er fährt fort, die Lehren aus der Vergangenheit aufzugreifen: "Erinnern wir uns an Porsche in den 90ern – fast am Abgrund, bevor Wendelin Wiedeking, inspiriert von den Japanern, das Ruder herumriss. Die Strategie der Wiederholbarkeit und schlanken Fertigung war nicht nur die Rettung, sondern auch der Grundstein für den darauffolgenden historischen Erfolg. Und jetzt kommt Elon daher, wirbelt Staub auf und zeigt, dass er das Spiel besser versteht als die, die es erfunden haben."

Michael ergänzt: "Ist es nicht ironisch? Ein Branchenneuling setzt Maßstäbe, während die Alteingesessenen in ihren Traditionen verharren. Elon Musk, so umstritten er auch sein mag, hat eine Lektion erteilt: In der Produktion liegt der Schlüssel zum Erfolg, nicht im Glanz der verdeckten Bauteile."

Simon rundet ab: "Meine Erfahrung zeigt, dass wir am Scheideweg stehen. Die Automobilindustrie muss sich neu erfinden, weg von alten Denkmustern, hin zu effizienten, nachhaltigen Lösungen. Musk hat das verstanden und setzt es um, während andere noch in den Startlöchern stehen."

Paul wirft eine Frage in den Raum: "Hat nicht Henry Ford die Produktioneffektivität erfunden?" Thomas, schnell mit einer Klarstellung, unterbricht: "Nun, das war eher Taylorismus. Aber ja, Henry Ford revolutionierte die Arbeitsteilung mit seiner Einführung der Fließbandarbeit. Eine Zeit, in der jeder dieselben Schritte wiederholte – eine monotone Arbeit. Doch das Lean-Prinzip, das ursprünglich von Toyota entwickelt wurde, geht einen Schritt weiter, indem es das Management direkt mit den Mitarbeitenden integriert – ein deutlicher Unterschied zu Fords eher patriarchalischer Herangehensweise, wo der Werksleiter das Sagen hatte und die Mitarbeiter einfach nur 'ihren Job machen sollten'."

Michael fügt mit einem Hauch von Sarkasmus hinzu: "Ist das nicht genau das Problem, mit dem ihr konfrontiert seid? Ein bisschen zu viel 'Königreich' und nicht genug 'Teamgeist', oder?" „Ein klassischer Fall von 'Zu viele Köche loben den Brei'.", fügt Simon hinzu. „Die Lösung liegt in Systemen, die für viele deutsche Unternehmen bis hin zu Behörden eine völlig neue Managementphilosophie verkörpern. Aus meiner Sicht ist es unerlässlich, dass jeder Einzelne in den Lösungsprozess eingebunden werden muss, sobald am Fließband, beim Ablauf einer Dienstleistung oder direkt in der Produktion ein Problem auftaucht. Der sogenannte Q-Stopp, ein Verfahren, das nahtlos in den Produktionsablauf integriert ist, ermöglicht genau das. Sollte ein Mitarbeiter einen kritischen Fehler feststellen, der außerhalb der Routine liegt, kann er oder sie den gesamten Prozess anhalten, bis eine Lösung gefunden und implementiert ist.

Thomas meldet sich zu Wort: „Europäische Betriebe, die diesen Ansatz bereits übernommen haben, handeln so, dass mit jedem Stillstand der

Produktionslinie – sei es nach 5, 10 oder 15 Minuten – eine höhere Managementebene hinzugezogen wird, um an der Problemlösung mitzuwirken. Jedoch steht im Gegensatz dazu, die Angst vor Repressalien in vielen europäischen, vor allem deutschen Unternehmen. Das ist ein Umstand, der dieses effektive System untergräbt. Der Bote schlechter Nachrichten wird allzu oft zum Sündenbock gemacht, und zuweilen sind selbst die Überbringer von Verbesserungsvorschlägen nicht gern gesehen, da sie die fragilen Egos ihrer Vorgesetzten bedrohen könnten."

Michael ergänzt: "Die umfassende Einbeziehung aller Beteiligten, von der Entwicklung über die Produktion bis hin zum Kunden, ist nicht nur ein überlebenswichtiger, sondern auch ein revolutionärer Ansatz. Er beweist, dass die besten Lösungen oft von jenen kommen, die wirklich 'die Hände schmutzig machen'. Stellt euch vor, die Hierarchiepyramide wird ordentlich durchgeschüttelt – und plötzlich funktioniert alles besser. Es erinnert mich irgendwie auch an den Film 'Die Glücksritter'."

Norbert: „Die Glücksritter?"

Michael antwortet: „"Die Glücksritter" ist eine Komödie aus den 80er Jahren, die eine faszinierende Geschichte um eine Wette zwischen zwei wohlhabenden Brüdern erzählt. Sie wetten, ob Umwelt oder Veranlagung das Verhalten eines Menschen bestimmt. Als Teil ihrer Wette ersetzen sie das Leben ihres erfolgreichen Managers mit dem eines Obdachlosen. Der Film veranschaulicht auf humorvolle Weise, wie der Obdachlose, gespielt von Eddie Murphy, in seiner neuen Rolle aufblüht und letztlich erfolgreicher wird als der ursprüngliche Manager."

Simon berichtet enthusiastisch: "Bei Toyota ist es so, dass, wenn du als Ingenieur anfängst, sie dich erst einmal für sechs Monate ans Band schicken. Zum körperlichen Arbeiten. Um zu verstehen, was und wie dort überhaupt gebaut wird, bevor du in andere Abteilungen wie die Entwicklung gehst."

Thomas lacht und wirft ein: "Interessant, bei Mercedes habe ich Leute kennengelernt, die über 30 Jahre bei uns gearbeitet und noch nie gesehen haben, wie eine Produktion von innen aussieht."

Simon, mit einem begeisterten Funkeln in den Augen, teilt seine Einsichten weiter: "Wisst ihr, in der japanischen Kultur ist es völlig normal, alles zu hinterfragen. Es geht darum, jeden einzubinden, der einen Beitrag leisten kann. Stellt euch das mal vor: Eine Arbeitskultur, wo das Miteinander und der Austausch im Vordergrund stehen, wo man sich gegenseitig unterstützt, um die beste Lösung zu finden. Ganz im Gegensatz zu dem, was manche von uns hierzulande gewohnt sind, wo es manchmal eher 'Mein Weg oder der Highway' heißt, was oft nicht nur sprichwörtlich gelebt wird."

Thomas, nun etwas stolzer im Ton: "Mercedes hat das auch eine Zeit lang sehr ernst genommen. Was bei Toyota oder Tesla als TPM-Produktionssystem bekannt ist, heißt bei uns MPS – Mercedes-Produktionssystem. Lean wurde eigentlich bei allen großen OEMs eingeführt. Michael fällt ihm ins Wort, ungeduldig: „Aber eher halbherzig, fokussiert auf die Produktion, um Prozesse zu automatisieren. Aber das wahre Geheimnis liegt darin, es schon in der Entwicklung anzupacken, alle mit ins Boot zu holen. Es reicht nicht, nur die Abläufe in der Fertigung zu straffen. Der Lean-Gedanke muss von Anfang an bis zum Schluss gelebt werden."

Paul hebt ein mögliches Kernproblem hervor: "Könnte es also sein, dass wir es hier mit einem Kommunikationsproblem von einem Arbeitsbereich zum nächsten zu tun haben?" Die anderen nicken zustimmend, einigen sich aber schnell darauf, dass so etwas niemals öffentlich zugegeben werden dürfte.

Dieser Austausch beleuchtet die oft unbesprochene Herausforderung in großen Organisationen, wo Silos und Abteilungsgrenzen die effektive Kommunikation und Zusammenarbeit behindern können, ein Problem, das intern bekannt ist, aber selten offen diskutiert wird.

· · ·

Thomas ergreift wieder das Wort: "Ja, das stimmt schon. Viele Führungsträger haben wirklich immer an erster Stelle die eigenen Interessen im Blick, die oft vor die des gesamten Unternehmens gestellt werden. Es ist, als hätten wir überall kleine 'Königreiche' oder Häuptlingen, die über ihr Reich herrschen wollen. Das ist nicht nur bei Mercedes so, sondern ein generelles Problem. Durch die vielen Hierarchieebenen meinen viele, die wichtigste Stimme zu haben. Dabei wird die Realität oft verschwiegen, um a) sich selbst besser darzustellen und b) die eigenen Positionen zu festigen. Ich bin überzeugt, dass Zahlen geschönt werden, um in der Firmenhierarchie schneller aufzusteigen. Man könnte sagen, die Kunst der 'kreativen Buchführung' wird hier zur olympischen Disziplin."

Michael unterbricht: "Bei Unternehmen wie Tesla fällt so etwas durch den 'Data-Talk' sehr schnell auf. Wer dort erwischt wird, hat ausgespielt. Man kommt immer mit Daten vorbereitet, und diese müssen wasserdicht sein. In solchen Firmen fliegt man schnell auf, wenn man mit den Zahlen jongliert. Also quasi das Gegenteil von 'Schönreden macht noch keinen Sommer'."

Thomas nickt und fügt hinzu: "Ich habe schon viele Projektleiter gesehen, die kurzfristig etwas Tolles geleistet haben und sofort befördert wurden. Und wenn zwei Jahre später herauskommt, dass das gar nicht so stimmte, wie dargestellt, dann ist diese Person längst in die nächsthöhere Ebene weitergezogen und außer

Reichweite für jegliche Rechenschaft. Ein bisschen wie beim Stille-Post-Spiel, nur dass am Ende niemand mehr weiß, wer was gesagt hat."

Simon meldet sich wieder zu Wort: "Das ist ein grundsätzliches Problem, nicht nur in Deutschland, sondern in der gesamten westlichen Welt. Wir leben in einer Welt der Hochstapler unter Hochstaplern. Der Wettbewerb dreht sich darum, sich auf Kosten anderer in Szene zu setzen. Es geht darum, sich so zu präsentieren, dass man gut dasteht – Schritt für Schritt aufsteigt, indem man mit leeren Versprechungen glänzt, ohne jemals zu beweisen, dass man sie auch halten kann. Das Problem dabei ist, dass niemand diese Fassade einreißen möchte, da es viele mit sich nach unten ziehen würde – nach dem Motto: mitgegangen, mitgefangen. In diesem System sind alle miteinander verstrickt, was dazu führt, dass vieles unter den Teppich gekehrt wird. Ein echtes Kartenhaus der Kompetenz."

Michael fährt fort: "Auf der anderen Seite haben wir Unternehmen wie Tesla, wo solche Spielchen nicht funktionieren. Musk hat keinen Platz für Vetternwirtschaft – er würde hypothetisch gesprochen sogar seine eigene Familie feuern, wenn es der Rationalität dient. Das zeigt, dass es egal ist, wie gut man denkt, mit dem CEO befreundet zu sein; Tricksereien oder das Nicht-Einhalten von Versprechungen führen direkt vor die Tür. Ganz im Stil eines 'rationalen Diktators', der kein Blatt vor den Mund nimmt."

Paul wirft eine Frage auf: "Da sehe ich auch eine Lücke in der Strategie von Elon Musk. Also, was könnten wir Tesla oder ähnlichen Unternehmen raten, um noch effektiver zu sein? Abgesehen davon, einen Kaffee weniger am Tag zu trinken?"

Simon antwortet nachdenklich: "Ich habe da eigentlich nur eine grundlegende Idee. Nennen wir es 'den Spirit des Landes adaptieren'. Jedes Unternehmen sollte, je nach dem Land, in dem es produziert und verkauft, einen eigenen Ansatz definieren, der auf die lokale Situation zugeschnitten ist. Es ist wie im Kampfsport: Der Trainer passt sich dem Niveau des Schülers an, um das effektivste Training zu bieten. Wenn jemand es besser macht, wechselt der Schüler den Meister. Oder einfach gesagt, nicht jeder Schuh passt auf jeden Fuß."

Michael fügt hinzu: "Genau. Tesla verspielt derzeit viel Ansehen bei den aktuellen und potenziellen Mitarbeitern, weil die Ziele zu aggressiv, fast überdreht erscheinen. Nehmen wir die Produktionsziele: Die werden oft ohne Rücksicht auf die Mitarbeiter durchgesetzt, wie etwa die Erwartung, jeden Samstag und das gesamte Wochenende durchzuarbeiten. Wer nicht mithält, fliegt raus. Das schadet der lang-fristigen Entwicklung und Mitarbeiterbindung. Klingt fast so, als wäre das Motto 'Überleben des Fittesten' direkt aus dem Dschungel ins Büro verpflanzt worden. Und obwohl Tesla internationale Experten mit großen Versprechungen anlockt, werden diese manchmal innerhalb von drei Monaten entlassen, selbst wenn sie aus der anderen Hälfte der Welt gekommen sind. Leider sind das bei Tesla keine Einzelfälle. Oder man ist der Meinung, dass das 'Hire and Fire'-Karussell bei Tesla eine Attraktion ist, die niemand verpassen sollte."

Norbert meldet sich erneut zu Wort: "Das könnte bedeuten, dass zukünftig die wirklich Top-Leute solche Firmen meiden werden – zumindest in Deutschland. Wir kriegen dann höchstens die frisch von der Uni, die zwar lernwillig, aber nicht unbedingt erfahren sind. Das ist zwar auch wertvoll, aber sie tendieren dazu, das Unternehmen schnell wieder zu verlassen, mangels starker Bindungsfaktoren. Deshalb sind Strategien, die eine langfristige Bindung schaffen, so entscheidend. Vielleicht sollten wir überlegen, ob es nicht auch einen 'Loyalitäts-Bonus' fürs Bleiben geben sollte – quasi eine Treueprämie fürs Nicht-Abspringen."

Paul fügt hinzu: "Das erinnert mich an eine Strategie, die ich einem Unternehmen auf Basis der ROMI-Einflussstrategie empfohlen habe, um Mitarbeiter längerfristig zu binden. Diese basiert auf den psychologischen Entscheidungsmustern in der westlich geprägten Welt. Die Strategie sieht vor, dass jeder Mitarbeiter einen geheimnisvollen Jahresbonus erhält, dessen Zusammensetzung nur die Firmenspitze kennt. Er umfasst alles vom Umsatz über Debit und Steigerungen bis hin zum persönlichen Beitrag zum Arbeits-klima. Aber Achtung: Der Bonus wird erst in der Mitte des nächsten Jahres ausgezahlt und ist daran gebunden, dass der Mitarbeiter bis zum folgenden Dezember nicht kündigt – eine Art 'Karotte vor der Nase', die viele dazu bringt, zu bleiben. Das klingt fast so, als hätten wir die ulti-mative Lösung gefunden, um das 'Bleib bei mir'-Spiel auf die nächste Stufe zu heben.

Michael macht sich Notizen. Norbert äußert Bedenken hinsichtlich der Moral und Ethik dieser Strategie, woraufhin Paul entgegnet: "Aber wenn man die Zufriedenheit auf beiden Seiten betrachtet, spricht das Ergebnis für sich. Die positiven Auswirkungen auf Arbeitgeber und Arbeitnehmer lassen moralische Bedenken in den Hintergrund treten. So gesehen könnte man fast meinen, wir erfinden das Rad immer wieder neu – oder eben auch nur die Karotte. Sind wir nicht alle ein bisschen schlauer als der sprichwörtliche Esel?"

Alle lachen, und Thomas gibt zu bedenken: "Manchmal bin ich mir da nicht so sicher. Zeigt nur, dass selbst in der Welt der Hochtechnologie die ältesten Tricks immer noch die besten sein können."

Paul holt weiter aus und versucht, das Gehörte in Empfehlungen für Mercedes, Porsche und andere europäische OEMs zu fassen: "Ich würde diesen Unternehmen raten, vor allem in der

Produktentwicklung ihre Philosophie zu überdenken und bereit zu sein, 'heilige Kühe' zu schlachten. Muss man wirklich so viele Steuergeräte haben? Braucht man tatsächlich 350 verschiedene Lederfarben oder sonstige Regenbögen oder Schneeflöckchen?"

Norbert merkt an: „Warum trotzdem alles beim Alten bleibt, wird daran liegen, weil es im Unternehmen immer Personen gibt, die ihre 'Daseinsberechtigung' verteidigen – eine Freiheit, die ihnen viel zu lange gewährt wurde, ohne den Einfluss ihrer Handlungen kritisch zu hinterfragen. Je höher diese 'Personenkulte' aufsteigen, desto schwieriger wird es, sie loszuwerden, ähnlich wie bei politischen Skandalen, bei denen Vorwürfe von einigen Politikern abperlen, als wären sie mit Teflon beschichtet. Besonders verunsichernd ist dies, wenn hochrangige Politiker in Skandale verwickelt sind, aber scheinbar unberührt bleiben."

Paul fügt hinzu: "Das zeigt, dass es ein allgemeines Problem in der westlichen Welt ist, was nicht bedeutet, dass andere Kulturen besser oder schlechter sind. Vielleicht sollten wir alle einen Schritt zurücktreten und überlegen, ob weniger manchmal mehr ist – außer bei Skandalen, da ist weniger definitiv besser."

Thomas bringt ein weiteres Problem zur Sprache: "Das erinnert mich an den Prozess der Produktentwicklung, wo oft die Frage aufkommt: 'Was machen wir jetzt?' Plötzlich wird alles, was Mister oder Miss 'Wichtig' für essentiell hält, zur obersten Priorität. Hier wird eine altbekannte Beamtenweisheit praktiziert, die besagt, dass man am besten bei dem bleibt, was man schon immer getan hat – so kann man nichts falsch machen. Und sollte es dennoch schiefgehen, schiebt man die Schuld einfach auf den Ursprungsvorschlag. Doch genau diese Denkweise ist der Tod jeder Innovation. Denn echte, bahnbrechende Neuerungen sind immer mit dem Risiko verbunden, auch mal danebenzuliegen. In der westlichen Welt scheinen immer weniger bereit, dieses Risiko einzugehen, unabhängig von der Gehaltshöhe. Schlimmer noch, es scheint, je höher das Gehalt, desto geringer die Bereitschaft, für Innovationen geradezustehen."

Norbert bestätigt: "Ja, das kommt mir allzu bekannt vor. Wenn jeder Bereich sich zu Wort meldet, was alles in die neue Produktentwicklung integriert werden muss. 'Von meinem Team muss das auch mit rein' und von einem anderen 'das auch, und das auch usw.'. Ein echtes Fest der Eitelkeiten, bei dem jeder versucht, sein eigenes kleines Einflussgebiet zu erweitern."

Simon ergänzt: "Und genau da muss man ansetzen. Bei anderen Unternehmen, wie Tesla und vielen im asiatischen Raum, folgt auf die Frage 'Was entwickeln wir heute?' sofort 'Was will der Kunde eigentlich?'. Eine Nähe zu Unternehmen wie Apple, die mit tausenden Entwicklern genau zum Kundenbedarf produzieren, ist erkennbar. Diese Perspektive fehlt vielen traditionellen Unternehmen, die sich schwer vom Status Quo lösen können. Leider ist 'Das haben wir schon immer so gemacht' das inoffizielle Motto vieler altgedienter Strukturen."

Paul bringt künstliche Intelligenzen ins Spiel: "Genau, und warum werden jetzt keine Bachelorarbeiten mehr im Studium geschrieben? Weil es veraltet ist. Wieso halten wir also immer noch an solch alten Zöpfen? Nehmen wir die Lieferantenstruktur: Jedes Jahr bekommt man vom Lieferanten eine Flasche Wein oder eine sonstige Erkenntlichkeit als Zeichen guter Zusammenarbeit. Dieses System funktioniert trotz aller Compliance-Bemühungen weiter wie ein geschlossenes Ökosystem, in dem jeder versucht, an Bord zu bleiben. Weil nichts eine jahrzehntelange Geschäftsbeziehung besser zementiert als eine substanzielle Wertschätzung, oder?"

Simon hebt die Hand: "Das kenne ich gut über einige Informationen, die ich aus politischen Kreisen habe. Politiker greifen oft auf Themen zurück, die ihnen von wirtschaftlich motivierten Lobbyisten vorgegeben werden. Die Wirtschaft schickt ihre Vertriebler aus, die sich einen oder mehrere Politiker suchen, deren Interessen sie gegen großzügige 'Spenden' oder Versprechen einer lohnenden Anschlussverwendung vertreten. So werden Politiker indirekt unterstützt, während Unternehmen Einfluss auf Wähler durch ihre Mitarbeiter, Kunden und deren Einflussbereiche nehmen. Ein perfektes Beispiel für 'Geben und Nehmen' – nur dass das Geben nicht immer im besten Interesse der Allgemeinheit ist."

Thomas ergreift das Wort: "Genau, so haben sie auch maßgeblich die Euro 7 Norm mitgestaltet, was der deutschen Automobilindustrie einen herben Schlag versetzt hat. Die meisten Politiker sind heute kaum in der Lage, Gesetzesinitiativen zu schreiben. Stattdessen übernehmen das jene, die den besten Draht zu Geldgebern und den Medien haben – und die Medien? Die sind längst nicht mehr unabhängig, sondern vertreten Interessen, die wenig mit ihrer ursprünglichen Aufgabe zu tun haben. Aufklärung und Recherche? Klingt eher nach einem Relikt aus vergangenen Tagen.Es entsteht ein Netzwerk aus Finanzströmen, die von Lobbyisten zur Politik fließen, von dort in NGOs, die wiederum die Interessen der Lobbyisten bedienen, die teilweise in den Vorständen dieser NGOs sitzen oder Schlüsselpositionen in den Medien und Nachrichtenanstalten innehaben. Ein geschlossener Kreislauf, in dem jeder jeden kennt – und am Ende fragt man sich, wer hier eigentlich wen kontrolliert."

Paul hebt hervor: "Vergessen wir da nicht die Juristen, die mittlerweile direkt unter den Entscheidern angesiedelt werden, um jedes Risiko einer Haftung zu umgehen. Der Jurist fungiert dann als Pufferzone zum Entscheider, sodass, wenn mal etwas hochgeht, sich ein Politiker, CEO oder Vorstand doch noch irgendwie rauswinden kann. Praktisch, nicht wahr? Ein eingebautes Airbag-System für jedes moralische Dilemma."

Simon ergänzt: "Das Thema kann man auch abrunden, weil so viele darin verwickelt sind. Es reicht von der Unternehmensspitze bis hin zur Politik. Es ist wie bei einer Zwiebelschale – und wenn man genauer hinschaut, findet man in jeder Schicht etwas Dreck. Eine endlose Schatz-suche, nur dass der Schatz hier aus Skandalen und Vertuschungen besteht."

In einem Zeitalter, in dem die Grenzen zwischen Wirtschaft, Politik und gesellschaftlicher Verant-wortung immer mehr verschwimmen, haben unsere Diskussionen eine zentrale Erkenntnis zutage gefördert: Nicht nur die Automobilindus-trie steht an einem Scheideweg. Die Herausfor-derungen, die vor uns liegen – sei es in Bezug auf Umweltschutz, technologische Innovationen oder ethische Geschäftspraktiken –, erfordern ein Umdenken auf allen Ebenen.

Die Erkenntnisse aus politischen Kreisen, die Simon mit uns geteilt hat, enthüllen eine Welt, in der die Entscheidungsfindung oft von denje-nigen beeinflusst wird, die die tiefsten Taschen haben. Diese Praxis der Einflussnahme durch Lobbyismus und "Spenden" (ein euphemisti-scher Begriff für das, was oft an der Grenze zur Korruption operiert), zeigt, wie komplex das Netzwerk aus Interessen und Abhängigkeiten geworden ist. Die Tatsache, dass Juristen nun als Puffer zwischen Entscheidungsträgern und der Verantwortung fungieren, um Haftungsrisiken zu minimieren, spricht Bände über das gegenwärtige Klima der Risikoaversion und Verantwortungsscheu.

Die Inhalte haben uns daran erinnert, dass Innovation und Fortschritt nicht durch das Festhalten an überholten Strukturen und Denkweisen erzielt werden können. Die Automobilindustrie muss bereit sein, "heilige Kühe" zu schlachten und mutig genug, neue Wege zu gehen, auch wenn dies bedeutet, Risiken einzugehen. Die Bindung von Talent an ein Unternehmen durch innovative Ansätze und die Schaffung eines Umfelds, das Kreativität und Verantwortung fördert, wird entscheidend sein.

In dieser Zwiebelschale aus Interessen und Machtkämpfen muss die Industrie einen Weg finden, der nicht nur ökonomisch rentabel, sondern auch gesellschaftlich verantwortungsvoll und nachhaltig ist. Die Skandale, die uns ins Gedächtnis gerufen wurden, und die Notwendigkeit einer transparenten, ethischen Geschäftsführung können nicht ignoriert werden. Nicht nur die Automobilindustrie muss daher erkennen, dass der langfristige Erfolg davon abhängt, wie gut man in der Lage ist, sich an die sich ändernden Bedürfnisse der Gesellschaft anzupassen und dabei ethische Standards und Umweltverantwortung zu wahren.

· · ·

Während wir dieses Buch abschließen, bleibt die Hoffnung, dass diese Herausforderungen als Chance begriffen werden, nicht nur die Produkte, sondern auch die Praktiken zu revolutionieren. Ihre, meine, unsere Zukunft wird von jenen gestaltet, die bereit sind, Verantwortung zu übernehmen, transparent zu agieren und mutig genug sind, für echte Innovationen einzustehen.

# KAPITEL 6
# *IDIOTEN-INDEX*

Die Formel für den "Idioten-Index" (II) kann wie
folgt zusammengefasst werden:

II =
Kosten des fertigen Produkts

---

Kosten der Grundmaterialien

**Legende:**
**Kosten des fertigen Produkts:**
Gesamtkosten des Produkts einschließlich Ferti-
gung, Arbeitsaufwand, Transport, usw.
**Kosten der Grundmaterialien:**
Anschaffungskosten der rohen Materialien, die
zur Herstellung des Produkts benötigt werden.

Ein hoher Wert im Idioten-Index zeigt auf, dass
zwischen den Materialkosten und den
Endkosten des Produkts eine erhebliche Diskre-
panz besteht, was auf ineffiziente Produktions-

prozesse oder überflüssige Komplexität hinweist. Es ist wichtig zu beachten, dass dieser Index eine vereinfachte Darstellung der Kostenstruktur eines Produktes ist und in der realen Wirtschaftsanalyse durch detailliertere Kosten-Nutzen-Analysen ergänzt werden sollte, um eine umfassende Bewertung der Produktions- und Markteffizienz zu ermöglichen. Ein niedriger Wert bedeutet hingegen eine höhere Effizienz und Kosteneffektivität in der Produktion.

In der brütenden Hitze eines Nachmittags in Alicante, wo das Meer und der Himmel in einem unendlichen Blau verschmelzen, findet Paul sich in einer lebhaften Diskussion mit Dieter und Tuncay wieder. Wir sitzen in einem Café, umgeben von der Geräuschkulisse plätschernder Wellen und dem gelegentlichen Rufen der Möwen. Das Thema? Ein Konzept, geprägt von Elon Musk – der Idioten-Index.

Paul spricht mit Dieter und Simon über die Ergebnisse seiner Recherche zu "Warten auf Elon". Das als Hommage an "Warten auf Godot" gedachte kleine Buch soll aufzeigen, dass es manchmal wichtig ist, sich hin und wieder von seiner sich selbst eingeschätzten erhöhten Position nicht zu ernst zu nehmen. Zumindest kommt in diesem Buch kein Psychiater und schickt seine Patienten auf die Zimmer der geschlossenen Psychiatrie. Aber manchmal, wirklich, da könnte man meinen, wäre diese Auflösung doch angebracht. Vielleicht sollte man überlegen, ob der Idioten-Index nicht auch ein nützliches Maß für die Selbstüberschätzung in akademischen Kreisen wäre – wo der Abstand zwischen Theorie und Praxis manchmal so weit ist, dass selbst Visionäre den Kopf schütteln würden.

Paul fährt fort: „Die Recherche hat zumindest aufgezeigt, dass einige Positionen in einer Form durchaus nur existieren, weil sie sich selbst rechtfertigen dürfen, ohne dass jemand weiß, was der Impact ist und ohne, dass dies tiefer hinterfragt wird. So teilte Swen (Name geändert), ein Freund, mir vor kurzem mit, dass er Ähnliches auch aus seiner Organisation (IT) kennt. Dort wurde ein Projekt „Reorg" beendet und das Team aufgelöst. Drei Monate später trifft Swen einem der externen Mitarbeiter von diesem Projekt in dem Büro seiner Firma. Solche Beispiele unterstreichen die Notwendigkeit einer klaren Kommunikation und Dokumentation in Projektmanagement und Organisationsstrukturen, um Effizienzverluste und Ressourcenverschwendung zu minimieren. Swen überprüft, ob der Mitarbeiter entlassen wurde oder ob er für einen anderen Bereich arbeitet, findet aber nichts im System, obwohl er für das On- und Off-boarding verantwortlich ist. Er sollte also wissen, wo der externe Mitarbeiter neu angesiedelt wurde. Aber auch nach interner Recherche konnte er keine Funktion für diesen Mitarbeiter finden. Hinter vorgehaltener Hand bekam Swen mitgeteilt, dass so einiges aktuell außer Kontrolle zu laufen scheint. Jens, ein weiterer Freund von mir, der bei der Bundeswehr ist, fragte ich zu diesem Fall, ob bei der Bundeswehr auch derartiges

Chaos vorkommen könne. Jens (Name natürlich geändert) antwortete, dass es sogar schon vorkam, dass ganze Standorte, die bereits seit 3 Jahren geschlossen waren, deren Verwaltung nach drei Jahren immer noch aktiv war, weil sie an einem anderen Standort diesen Standort verwalteten. Und es gibt auch externe Dienstleister, die sehr sehr sehr teuer sind und von denen keiner so richtig weiß, was sie überhaupt machen."

Paul schmunzelt: „Vielleicht sind diese externen Dienstleister Geisterbeschwörer, die darauf spezialisiert sind, längst verstorbene Projekte am Leben zu erhalten – gegen eine kleine, völlig unerschwingliche Gebühr natürlich."

Dieter erinnert sich an Fälle aus seiner Arbeitsumgebung: "Es kam auch schon mal vor, dass externe Dienstleister direkt zu unklaren Projekten hinterfragt wurden, und jetzt wird es merkwürdig: a) versteht kaum einer, was die mitteilen, b) weiß kaum einer, wie das umgesetzt werden soll, c) übernehmen diese Dienstleister keinerlei Haftung für die Prozesse, die dann die jeweilige Organisation umsetzen soll und im Endeffekt entweder zum Teil nicht funktionieren, oder deren Wirkung nicht messbar sind und d) gibt niemand zu, dass man viel zu wenig Kompetenz auf dem Gebiet der Bewertung von Arbeitsergebnisse dieser Dienstleister hat. Es ist, als ob man eine Waschmaschine kauft, die nicht funktioniert, aber funktionieren könnte, weswegen der Verkäufer weiterhin Geld kassiert, um den Käufer damit zu locken, dass bald die Waschmaschine laufen wird – aber alles ohne Gewähr. Für diese Unternehmen wäre es sehr praktisch, wenn sie ihre Leistungsbewertungen selbst schreiben. Ach, warte, das tun sie ja bereits. Es ist ein bisschen so, als würde man den Füchsen erlauben, die Qualität der Sicherheitsvorkehrungen im Hühnerstall zu bewerten."


Paul ergreift das Wort: „Hier könnte der 'Idioten-Index' helfen. Das als ein Ansatz zur Kostenoptimierung. Der Index berechnet, wie viel teurer ein fertiges Produkt im Vergleich zu den Kosten seiner Grundmaterialien ist. Ein hohes Verhältnis im Idioten-Index deutet darauf hin, dass ein Produkt vielleicht ein zu komplexes Design hat oder sein Herstellungsprozess zu ineffizient ist. Elon Musk entdeckte beispielsweise, dass viele Teile traditioneller Raketen sehr hohe Idioten-Indizes aufwiesen. Diese Beobachtung führte zur Entwicklung von wiederverwendbaren Raketen durch SpaceX, die signifikante Kostensenkungen im Raumfahrtsektor ermöglicht haben, indem sie die Grundprämisse des 'Idioten-Index' in Frage stellen und umkehren. Die Wiederverwendung der ersten Stufe der Falcon 9 Rakete führt zu einer Kosteneinsparung von bis zu 30% , was den Preis einer Falcon 9-Mission von derzeit 61,2 Millionen US-Dollar auf etwa 42,8 Millionen US-Dollar reduziert. Eine Analyse von Jefferies International LLC schlägt vor, dass die Preise für Kunden um 21% bis 40% gesenkt werden könnten, was den Preis für einen Falcon 9-Start auf etwa 37 Millionen US-Dollar senken könnte. Die Gründe für Kostenexplosionen sind oft in mangelnder Transparenz und in Regeln begründet, die nicht mehr hinterfragt werden, da dies analytischen Aufwand bedeuten würde, den man vermeiden möchte. Bei der Analyse der Kosten für Kohlefaser, Metall, Treibstoff und andere Materialien, die in die Herstellung von Raketen einfließen, stellte Musk fest, dass das fertige Produkt mit herkömmlichen Herstellungsmethoden mindestens 50-mal mehr kostet als die Summe seiner Materialien und wenn man es selbst fertigt. Dies sollte eigentlich ausreichen, um zu verstehen, dass man, um wettbewerbsfähig zu bleiben, den Großteil seiner Produkte selbst herstellen muss, um Effizienz und Kostenkontrolle zu maximieren und ständig nach unkonventionellen Wegen zu suchen, um Kosten weiter zu senken."


Dieter äußert sich skeptisch: "Es ist nicht so einfach, denn die Betriebswirtschaftslehre prägt bereits unsere Produkte. Neben den Material- und Verkaufskosten sind da auch Transaktions- und Organisationskosten, Managementkosten, Forschungs- und Entwicklungskosten, Vertriebskosten, Produktionskosten und so weiter. Doch wenn ich dich richtig verstanden habe, geht es um den Wertschöpfungsbeitrag – ein Bereich, in dem ich schon zwei World Awards erhalten habe. Bei Bayer haben wir nicht nur interne Prozesse betrachtet, sondern auch die gesamte Wertschöpfungskette, das sogenannte Werteversprechen, analysiert. Dies reicht vom Einkauf über die Händler und Großhändler bis hin zum Endkunden, um den wahren Wert am Ende der Kette zu ermitteln. Für diese Analyse habe ich eine Plattform entwickelt, die es uns ermöglicht, Abhängigkeiten zu erkennen und unnötige Kosten zu identifizieren. Mich reizt da noch ein "Realitäts-Check-Award" für die Enthüllung, dass in der Welt der großen Beratungsfirmen das Konzept des "Werts" oft so nebulös ist wie der Nebel über dem Rhein an einem frühen Morgen. Das wäre doch mal was.", feixt Dieter.

Tuncay hebt ein weiteres Beispiel hervor, das bisher wenig Beachtung gefunden hat: „Betrachten wir beispielsweise China im Bereich des 3-D-Drucks. Nicht nur in dieser Technologie haben die Deutschen den Anschluss verloren, ähnlich wie in vielen Bereichen der digitalen Wirtschaft. Dieses Beispiel illustriert die dynamische Natur des globalen Technologiemarktes, in dem kontinuierliche Innovation und Anpassungsfähigkeit entscheidend sind, um Wettbewerbsvorteile zu sichern und zu erhalten. Um es klar zu sagen: Ich glaube, dass Deutschland in fast allen relevanten Branchen mittlerweile hinterherhinkt. Dies führt dazu, dass nicht nur Deutsche, sondern auch andere, die den Anschluss verloren haben, sich gezwungen sehen, Dienstleistungen und Produkte von externen Anbietern zu überteuerten Preisen zu erwerben. Für diejenigen, die sich noch kein Bild davon machen können, welchen Einfluss der 3-D-Druck auf die Wirtschaft hat: Mit dem 3-D-Druck erzielen Marktführer wie China wesentlich kostengünstigere Produktionsprozesse. Dies ermöglicht es ihnen, Produkte, in Bereichen, in denen Deutschland noch mit einigen Firmen als Hidden Champions gilt, zu einem Bruchteil der

Kosten herzustellen und zunächst günstig anzubieten, bis sie den Marktanteil übernommen haben. Anschließend steigen die Preise für den Endkunden erheblich. Deutschland wandelt sich vom Entwickler und Produzenten zum bloßen Konsumenten und verliert damit an Innovationskraft. Vielleicht sollten wir ein neues Seminar einführen: „Wie man in der globalen Technologierallye elegant den letzten Platz belegt – ein Leitfaden für Fortgeschrittene, gesponsert von den führenden Mächten. Sicherlich ein Renner bei allen, die nostalgisch an die Zeiten denken, als 'Made in Germany' noch ein unangefochtener Qualitätsstandard war und nicht nur ein Etikett auf Produkten, die man jetzt zweimal anschauen muss, um den Unterschied zu erkennen."

Nach stundenlangen Diskussionen über den Idioten-Index, die Zukunft der Technologie und wie man nicht den Anschluss verlieren darf, standen Paul, Dieter und Simon auf, bereit, sich von ihrem Treffpunkt in Alicante zu verabschieden. Die Sonne neigte sich dem Horizont zu, und das Meer glitzerte in den letzten Strahlen des Tages.

„Nun, ich denke, das war's für heute", sagt Paul und blickt auf die untergehende Sonne. „Wir haben viel besprochen, aber es fühlt sich an, als würden wir immer noch auf etwas warten... etwas Entscheidendes."

· · ·

Dieter, der seine Tasche schließt, nickt nachdenklich. „Ja, es ist, als würden alle irgendwie auf den großen Durchbruch warten, der all unsere Theorien in die Praxis umsetzt. Wie auf... naja, du weißt schon."

Simon, der seine Notizen ordnet, lacht leise. „Auf Elon? Oder vielleicht auf die nächste große Idee, die alles verändert. Es ist, als würden alle immer auf jemanden oder irgendetwas warten, das nie kommt."

„Vielleicht ist das Warten selbst die Lektion", murmelt Paul schließlich. „Vielleicht ist es die Kunst, im Moment zu sein, zu diskutieren, zu planen und vorzubereiten, ohne jemals wirklich anzukommen."

„Oder vielleicht", wirft Dieter mit einem schelmischen Grinsen ein, „sind wir einfach nur drei Idioten, die in der Hitze Spaniens über den Idioten-Index philosophieren."

Die drei brechen in Gelächter aus, ihre Heiterkeit mischt sich mit dem Rauschen der Wellen und dem Klang des Gemurmel von vielen Menschen. Sie machen sich auf den Weg zurück durch die lebhaften Straßen Alicantes, bereit, sich den immer wiederkehrenden Herausforderungen jedes neuen Tages zu stellen, auch wenn das bedeutete, weiterhin auf das Unerreichbare zu warten.

# KAPITEL 7
# *ELONS GROSSE EINLADUNG*

Im Weißen Saal des Neuen Schlosses in Stuttgart – ein barocker Prunkraum mit hellen Wänden und kunstvollen Verzierungen – trafen sich an diesem Tag einige der brillantesten Köpfe ihrer Zeit. Keine klassische „Bitte-rücken-Sie-in-der-Reihe-weiter"-Konferenz, aber auch kein hipper Kreativ-Workshop: Es war ein fast beiläufig arrangiertes Treffen, bei dem dennoch jeder spürte, dass gleich etwas Bedeutendes geschehen könnte.

Hier saß ein illustrer Haufen aus Wissenschaftlern, Unternehmern und selbsternannten Visionären, die jeder für sich den stillen Anspruch hegte, zum Herzstück dieses Ereignisses zu werden. Manch einer redete sich innerlich schon ein, den nächsten großen Durchbruch vorherzusehen – typisch menschlich eben. Während man also wartete, huschten Blicke umher, die diese subtile Mischung aus Ehrfurcht,

Skepsis und Selbstüberschätzung widerspiegelten: Wer war hier wirklich der Beste im Raum?

Und genau in diesem Spannungsfeld wollte er auftreten: Elon M. – der Mann, der Grenzen nicht nur verschiebt, sondern sie regelmäßig über den Haufen wirft. War das hier der Vorabend einer neuen Ära, oder bloß ein weiterer PR-Stunt? Man spürte Nervosität in der Luft. Jeder wollte herausfinden, was wirklich dahintersteckt – in der Hoffnung, am Ende mit einer Geschichte nach Hause zu gehen, die man als Erster erzählen konnte.

Während sich die Gäste im Weißen Saal des Neuen Schlosses in Stuttgart auf die für Veranstaltungen bereitgestellten Stuhlreihen verteilten, herrschte eine gespannte Atmosphäre. Hier, mitten im barocken Ambiente, gingen leise Stimmen durcheinander wie in einem Bienenstock, der kurz vorm Schwärmen steht.

„Hat jemand eine Ahnung, ob das Belüftungssystem genug Frischluft reinpumpt?", murmelte eine junge Ingenieurin, während sie hastig durch ihre Unterlagen blätterte. „Bei so vielen klugen Köpfen könnte der Sauerstoff schnell knapp werden."

Ein paar Sitze weiter lehnten sich zwei Wissenschaftler zusammen, die beide sichtbar stolz darauf waren, an Projekten zu tüfteln, die etwas mit „Revolution" im Titel trugen:

„Und, wie läuft dein High-Speed-Akku-projekt?"

„Ach, ganz gut. Unsere Prototypen halten mittlerweile einen Haushalt über mehrere Tage am Laufen."

„Nicht schlecht. Ich teste gerade eine neuartige Karosserie, die eigentlich gar kein Metall mehr braucht. Mal sehen, ob Elon dafür zu haben ist."

In der Mitte des Saals saßen zwei Unternehmer, die sich raushalten wollten, sich aber doch immer wieder umdrehten, sobald sie ein Schlagwort wie „Hyperloop" oder „Mars-Station" aufschnappten.

„Glaubst du, er hat wieder so eine Vision, die alles auf den Kopf stellt?"

„Er könnte ankündigen, dass wir schon morgen mit unseren Autos zum Mond fliegen können, und ehrlich gesagt – ich würde es ihm zutrauen."

Gerade diese Mischung aus Realismus und Größenwahn machte den Raum vibrierend. Alle warteten, fast schon ungeduldig, auf den

Moment, in dem Elon M. den Saal betreten würde. Da lag etwas in der Luft, das die meisten nur von historischen Entscheidungen oder bahnbrechenden Präsentationen kannten.

Und während ein gedämpftes Stimmengewirr den Saal erfüllte, fragten sich einige insgeheim: „Wird er uns gleich tatsächlich die Zukunft auf dem Silbertablett servieren?" Egal, ob Skeptiker oder Fan – jeder hier war insgeheim bereit, den Atem anzuhalten, sobald die Türen aufgingen.

Gerade weil Stuttgart als Autostadt berühmt ist, wirkte die Anreise vieler Gäste eher wie ein Hindernislauf: „Schon verrückt", meinte ein angereister Biochemiker aus München und warf seinen Mantel über die Stuhllehne. „Die Stadt ist das Herz der Automobilindustrie, aber am Ende bin ich schneller zu Fuß unterwegs gewesen als mit dem Taxi." Eine junge Software-Entwicklerin aus dem Silicon Valley nickte schmunzelnd. „Na gut, das ist dann mal ein echter Kulturschock. Bei uns läufst du nur von Starbucks zu Starbucks."

Andere hatten sich durch die historischen Gassen geschlängelt und kamen mit hochrotem Kopf im Weißen Saal an. „Wer hätte gedacht, dass Stuttgarter Straßen so viel Stau produzieren können", flüsterte ein IT-Start-up-Gründer, während er sich endlich auf seinen klappbaren Stuhl setzte. „Und das Beste: Sobald du denkst, du hast den Verkehr hinter dir, steckst du schon wieder zwischen Baustellen und Umleitungen fest."

Doch trotz aller widrigen Umstände war die Stimmung im Raum gelöst. Endlich hatten sich alle versammelt – Wissenschaftler, Unternehmer und ein paar kühne Freigeister, die sich selbst nicht so recht in eine Schublade stecken wollten. Schnell wurde klar, dass man hier nicht einfach zu einem Meeting erschienen war, sondern zu einem Ereignis, das das Potenzial hatte, ganze Branchen zu verändern.

Ein Professor für Robotik und eine renommierte Quantenphysikerin tauschten im Flüsterton Hypothesen darüber aus, was Elon M. heute vorlegen würde. „Vermutlich etwas so Verrücktes, dass es morgen schon jeder kopieren will", mutmaßte der Professor. „Oder etwas, das sich erst in zehn Jahren als genial entpuppt und bis dahin keiner versteht", ergänzte die Physikerin trocken.

Die Gesprächsfetzen im Saal klangen wie das Summen eines gut geölten Denkmaschine-Kollektivs. Fast jeder hatte eine These zu Elons neuestem Projekt, sei es eine revolutionäre Energielösung oder eine Strategie, den Straßenverkehr in Stuttgart vom Stau zu befreien (was hier wohl einem Wunder gleichkäme). Dabei schwang stets ein leiser Humor mit, eine augenzwinkernde Distanz zu all den hochfliegenden Ideen und Erfolgsstorys im Raum.

. . .

Und je näher der Moment rückte, an dem Elon M. endlich durch die Doppeltür treten würde, desto dichter wurde die Atmosphäre. Man konnte förmlich spüren, wie die Erwartungen der Anwesenden in die Höhe schnellten – wie ein Flummi, der ungeduldig auf den Boden prallt, bevor er endlich abhebt.

...

Obwohl die Bestuhlung im Weißen Saal eher funktional als gemütlich war, lehnte sich Paul so weit wie möglich in seinem Stuhl zurück. Seine Stirn in tiefe Falten gelegt, grübelte er über die hitzigen Diskussionen zu Künstlicher Intelligenz nach, die ihn in den letzten Wochen beschäftigt hatten. In seinen Augen lag eine seltsame Mischung aus Sorge und Zuversicht – als wüsste er, dass Technologie die Welt gleichzeitig retten und ins Chaos stürzen könnte.

Ein paar Reihen weiter saß Norbert, leicht abseits, den Blick ins Licht gerichtet, das durch die hohen Fenster fiel. Er war bekannt dafür, dass er immer die moralischen Fragen stellte, die andere gern übersprangen. Man konnte beinahe seine Gedanken sehen, wie sie sich um die Grenzen dessen drehten, was sie technisch erreichen wollten: „Dürfen wir das? Oder müssen wir es sogar tun?" Wer Norbert kannte, wusste, dass er beides gleichermaßen in Betracht zog.

Rundherum herrschte ein gedämpftes Raunen. Die Stimmung war angeheizt, allerdings nicht von hitzigen Debatten, sondern von dieser stillen Erwartung, die jeden Blick immer wieder zur Tür schweifen ließ. „Er ist gleich da, oder?" flüsterte eine junge Entwicklerin. Ihr Kollege zuckte mit den Schultern. „Wenn er kommt, kommt er. Und wenn er dann wirklich was aus dem Hut zaubert, möchte ich vorn dabei sein."

Tatsächlich war es weniger ein klassisches Elon-Event als vielmehr das Gefühl, an einem Wendepunkt zu stehen: Gleich könnte Elon M. eintreten und eine Idee enthüllen, die alles in Frage stellt, was bisher möglich schien. Die Anwesenden, so verschieden sie auch waren, einte die Leidenschaft für Fortschritt und die Überzeugung, dass durch Austausch und Zusammenarbeit selbst die größten Herausforderungen gemeistert werden können.

Torsten, ein Mathematiker mit neugierigem Blick, gesellte sich zu einer Runde, die angeregt über die Entwicklungen im Silicon Valley diskutierte. „Grenzen werden ständig verschoben", warf er ein. „Man fragt sich, was als Nächstes kommt. Haben wir die Grenzen unseres Planeten schon erreicht, oder liegt unsere eigentliche Herausforderung darin, ins Weltall vorzudringen?"

Armin, den Torsten aus anderen Konferenzen kannte und der für seine unerschrockene Art bekannt war, ethische Dimensionen zu beleuchten, gab trocken zurück: „Die Frage ist, wie wir diese Expansion gestalten. Wollen wir wirklich nur die Fehler wiederholen, die wir hier auf der Erde bereits gemacht haben?"

Alexander, ein Freund Armins, immer für einen bissigen Kommentar gut, konnte sich das Grinsen nicht verkneifen. „Hoffen wir bloß, dass das Internet auf dem Mars nicht so lahm wie in Stuttgart ist, so dass die Jedi's über unser 5G spotten."

Ein befreites Lachen ging durch die kleine Gruppe und milderte für einen Augenblick die aufgeladene Stimmung. Man wechselte rasch zu weiteren Ideen, die eine zukunftsfähigere Gesellschaft in den Fokus rückten.

„Es geht nicht nur um das Ziel, sondern auch darum, wie wir dort zusammenleben", meinte jemand. „Können wir ein System schaffen, das kollektive Vernunft, Marktwirtschaft und soziale Gerechtigkeit vereint?"

Noch während sie sich in den verschiedenen Szenarien verlor, rückte ein Gedanke in den Mittelpunkt: Wie kann die Menschheit nicht nur überleben, sondern wirklich aufblühen? Von der Nutzung fortschrittlichster KI für Ressourcenmanagement bis hin zu demokratischen Entscheidungsprozessen, in denen jede Stimme gehört wird, reichten die Ideen weit über irdische Horizonte hinaus.

· · ·

„Vielleicht finden wir ja die Antwort in der Natur", überlegte Paul laut. „Stichwort Biomimikry. Wenn wir die Konzepte der natürlichen Welt verstehen und adaptieren, könnten Technik und Gesellschaft in Harmonie koexistieren. Oder wir schicken erst mal Androiden zum Mars, um den Planeten ein bisschen wohnlicher zu machen. Klingt doch vernünftiger, als gleich Menschen auf einen kargen Stein zu setzen, oder? Wer weiß, vielleicht ist der Mars auch nur das Parkhaus für den nächsten großen Sprung ..."

So verschieden die Vorstellungen waren, einte sie doch alle die Vision von einer Zukunft, in der technischer Fortschritt und menschliches Wohl Hand in Hand gehen. Und die Aussicht, Elon M. könnte gleich ein Geheimnis lüften, das all diese Hoffnungen bündelt, brachte die Spannung in der Halle langsam zum Siedepunkt.

Jedes Mal, wenn die breite Saaltür auch nur einen Spalt aufging, verstummte das Stimmengewirr. Wie Raubkatzen fixierten die Anwesenden den Eingang – in der vagen Hoffnung, Elon würde heraustreten und all ihre Fragen, Zweifel und Sehnsüchte in einem Atemzug beantworten.

Während der Zeiger der großen Wanduhr unaufhaltsam weiterrückte, schien die Luft im Weißen Saal fast greifbar geladen. Was würde

Elon M., der Visionär, der regelmäßig die Grenzen des Machbaren neu definiert, wohl enthüllen? Etwas, das einige offene Fragen unserer Welt beantwortet?

Die Gespräche, nun auf viele kleine Gruppen verteilt, sprühten vor Theorien. Manche vermuteten eine bahnbrechende Mission – mehr als nur ein technologisches Meisterstück, eher der nächste Schritt in der menschlichen Evolution. Andere spekulierten über ein völlig neuartiges Interaktionssystem, das unser Zusammenleben radikal verändern könnte.

„Stellt euch vor, er hat eine Technologie entwickelt, mit der wir direkt auf unser Bewusstsein zugreifen können", warf Alexander begeistert in die Runde. „Vielleicht eine Schnittstelle, die Gedanken teilt, ohne dass wir sprechen müssen."

Armin runzelte die Stirn. „Das wäre eher erschreckend, oder? Und, wie steht's um unsere Privatsphäre? Um unabhängiges Denken?"

„Oder", überlegte Paul, „vielleicht hat Elon einen Plan ausgeheckt, der erneuerbare Energien so effizient macht, dass wir fossile Brennstoffe vergessen können."

Einige Diskussion glichen einem summenden Bienenstock: Sie befruchteten sich gegenseitig mit Ideen, ein lebhafter Mix aus Wissenschaft,

Philosophie und purem Spaß am Spekulieren. Tuncay grinste in die Runde. „Vielleicht verrät er uns ja, dass er in Wirklichkeit von einem anderen Planeten stammt. Das würde einiges erklären, oder?"

Ein Schwall Gelächter lockerte kurz die Anspannung. Dann öffnete sich die Saaltür mit einem kaum hörbaren Klicken, und jede Regung verebbte. Gefühlt verging eine Ewigkeit, in der kein einziger Atemzug zu hören war. Alle starrten auf die Tür, als läge hinter ihr das Geheimnis aller Dinge.

Endlich trat Elon M. ein – mit über einer Stunde Verspätung. Viele atmeten hörbar auf, sichtlich erleichtert, ihn nun leibhaftig vor sich zu sehen. Im langen weißen Kittel, der mehr an einen exzentrischen Forscher erinnerte als an den Chef zahlloser Firmen, schritt er in den Saal. Ein Tablet in der Hand, als hielte er darin die Formel für das nächste Weltereignis.

Er schenkte den Gästen ein kurzes, konzentriertes Lächeln. „Entschuldigt meine Verspätung", begann er mit fester, warmer Stimme. „Ich denke aber, das Warten hat sich gelohnt." Ein Versprechen lag in seinen Worten – oder zumindest die Andeutung, dass gleich Großes folgen würde.

· · ·

Mit bedachten Schritten ging er durch den Saal, jeder hier war wie elektrisiert. „Heute", fragte einer aus den Reihen hinter Paul, während Elon sein Tablet ein wenig anhebend, „stehen wir an der Schwelle zu einem neuen Zeitalter? Eines, in dem nicht nur Grenzen verschwimmen, sondern vollkommen neu definiert werden?"

Blicke wurden getauscht, manche ungläubig, andere voll unverhohlener Begeisterung. Neuer Sternenflug? Eine Technik, die menschliche Interaktion für immer verändert? Elon ließ bewusst eine dramatische Pause entstehen. „Was ich euch heute vorstellen werde, ist kein bloßes Konzept. Es ist eine Vision eurer Zukunft."

Er umfasste das Tablet fester, als wolle er ein Geheimnis lüften, das die Grundfesten aller Gewissheiten erschüttert. Sein Blick schweifte über die Versammlung, ein Lächeln zog um seine Lippen. Doch statt der erwarteten Enthüllung eines Super-Projekts kamen ganz andere Worte über seine Lippen – Worte, die keiner hier je erwartet hätte:

„Willkommen, meine lieben Patienten."

Die Anwesenden – bis eben noch eine Elite der klügsten Köpfe – starrten ungläubig. Wie von Zauberhand wandelte sich der hochmoderne Saal in einen Raum, der eher an eine Einrichtung in der Schwarzwald-Idylle erinnerte: klinisch, gedämpft, doch gut betreut. Elons weißer Kittel war kein Hightech-Gadget, sondern der Arbeitskittel eines Psychiaters. Sein Name? Reine Fiktion. Und „Willkommen, meine lieben Patienten" hallte wie eine unerwartete Diagnose durch das Gemäuer.

Für manche ein Schock, für andere eine unangenehme Erleuchtung: All die tiefgründigen Diskussionen über die Zukunft der Menschheit, über Technik und Moral, dienten offenbar einer Therapiesitzung. Das Lächeln einiger versuchte, Ungläubigkeit zu überspielen; andere kämpften sichtlich damit, das Erlebte zu begreifen.

Elon, war nun als Leiter dieser Einrichtung die Ernüchterung. Er klärte die Gruppe darüber auf, dass selbst die verrücktesten Erlebnisse einen Sinn haben können: Eine Erinnerung daran, das Leben nicht nur zu entwerfen, sondern zu erleben. Trotz aller Ambitionen und allem Wissensdrang müssten wir den Fokus wieder auf uns selbst richten – auf das Menschliche. Aufeinander achten, statt nur nach den Sternen zu greifen.

Tuncay brach die unbehagliche Stille mit einem humorvollen Seitenhieb: „Und ich dachte, meine größte Sorge wär heute das schwache WLAN hier im Schwarzwald." Gelächter machte sich breit, erleichtert und zugleich irritiert. Denn was blieb, war die Erkenntnis: Die weitesten Reisen finden manchmal nicht in Raketen statt, sondern in unserem Inneren.

Manche schluchzten und andere brachen in Tränen aus – das Bewusstsein, dass die Suche nach Fortschritt, Wissen und einem besseren Morgen letztlich Hand in Hand gehen muss mit der Erkenntnis unserer eigenen Zerbrechlichkeit, war überwältigend. So ging eine Zusammenkunft zu Ende, die von technischen Utopien zu einer tiefen Selbstbefragung führte und allen klar vor Augen führte, dass die größten Entdeckungen oft als eine Art Genie und Wahnsinn in unseren Köpfen schlummern.

Am Schluss blieb keine neue Super-Technologie, kein neuer Plan für die Kolonisierung des Mars. Stattdessen nahm jeder eine Einladung mit auf den Weg: in sich selbst zu schauen, die eigene Rolle im Universum zu hinterfragen und die Verantwortung für das eigene Handeln im Hier und Jetzt zu erkennen. Ob das als Abschluss oder als Beginn eines noch viel größeren Abenteuers dient – das entscheidet jede*r für sich.

### Abschließende Gedanken

Hast du dich jemals gefragt, welche Rolle du in diesem weiten Universum spielst – nicht bloß als Zuschauer oder Zuschauer*in, *sondern als aktive*r Gestalter*in deiner eigenen Realität? Vielleicht steckt die größte Entdeckungsreise gar nicht in fernen Sehnsüchten oder in der Entschlüsselung hochentwickelter KI, sondern in der Erkundung unseres Innersten – der ungeklärten Fragen, der unentdeckten Potenziale. Fang diese Reise heute an, mit offenem Herzen und neugierigem Geist. Schau nach innen und frag dich: Wer bin ich wirklich? Welche Spuren hinterlasse ich bei den Menschen um mich herum? Welche Wirkung habe ich – positiv oder negativ? Erkunde, stelle in Frage und wachse. Denn die spannendste Erkenntnis könnte nur einen einzigen Gedanken entfernt sein.

Das Universum ist nicht nur fremder, als ich es mir vorstelle – es ist fremder, als ich es mir überhaupt vorstellen **kann**.

*„Im grenzenlosen Tanz des Universums, wo Sterne geboren werden und Schwarze Löcher die Grenzen der Physik verschlingen, stehe ich – einer von vielen winzigen Beobachtern, verloren und doch verankert in unendlicher Weite. Geister wie der von Albert Einstein lehrte mich, das Unmögliche zu hinterfragen. Richard Precht zeigte mir, dass schon die Frage selbst ein Weg sein kann. Stephen Hawking gab mir den Mut, über meine kühnsten Träume hinauszudenken. Und vielleicht finde ich gerade in dieser Suche, in der Demut vor dem Unbekannten, den wahren Sinn des Lebens – nicht durch das Erreichen ferner Welten, sondern durch das Erforschen meiner eigenen Seele und meiner Verbundenheit mit allem, was ist. Das größte Abenteuer erwartet mich nicht in der Eroberung des Kosmos, sondern in der Reise zu meinem eigenen Bewusstsein, zu der Erkenntnis, dass ich, wie du auch, lieber Leserin und Leser, Teil eines Wunders bin, das größer ist als die Summe seiner Teile.“*

# ÜBER DEN AUTOR

Maximilian Mitera kombiniert in seiner Laufbahn tiefe Einblicke in die Arbeit spezialisierter Einheiten der Polizei, der Sicherheitsbehörden und des Nachrichtendienstes mit einem ausgeprägten Verständnis für die Dynamiken von Konflikten und Verbrechen. Mit einer jahrzehntelangen Erfahrung, die von der operativen Analyse über die Erstellung von Lagebildern bis hin zu hunderten von Festnahmen schwerster Straftäter reicht, bringt Mitera eine außergewöhnliche Expertise in die Diskussion um Sicherheit und Bedrohungs-, Risiko- und Chancenmanagement ein.

Sein Werkzeugkasten umfasst nicht nur strategische und taktische Maßnahmen im Kontext von Konflikten, sondern auch fortschrittliche Methoden der Informationsbeschaffung, die in nahezu allen Bereichen der polizeilichen und nachrichtendienstlichen Arbeit Anwendung finden. Miteras Fähigkeit, komplexe Situationen und Entwicklungen zu analysieren und transparent zu machen, steht im Mittelpunkt seiner Arbeit.

Die von ihm entwickelte ROMI-Methode spiegelt sein Engagement und seine private Forschung in den Bereichen Psychologie und

Bedrohungs-, Risiko- und Chancenmanagement wider. Diese Methode ist das Ergebnis eines intensiven Austauschs mit Fachleuten verschiedener Disziplinen und zielt darauf ab, Entscheidungsträgern belastbare Einschätzungen zu potenziellen Risiken zu bieten, um präventive Maßnahmen ergreifen zu können, bevor ein Schaden eintritt.

Miteras lebenslanges Interesse und seine fortwährende Weiterbildung, insbesondere in der Prävention, unterstreichen sein tiefes Verständnis für die Notwendigkeit, innovative Lösungen für die heutigen sicherheitspolitischen Herausforderungen zu finden.

Für weitere Informationen besuchen Sie www.romi-methode.de.